Ostsibirische See
Neusibirische Inseln
Sewernaja Semlja
Laptewsee
Nowaja Semlja
Karasee
Jamal
Obbusen
Dikson
Workuta
Labytnangi
Nowi Port
Jar-Sale
Salechard
Jenissej
Lena
Werchojansker Geb.
Jakutsk
Ob
Jenissej
Stanowoi Gebirge
Jablonowi Gebirge
Omsk
Nowosibirsk
Irtysh
Baikalsee
Irkutsk
Karaganda
Sajan
Ulan Bator
Altai
Almaty
Urumchi
Gobi

Susanne Becker (Hrsg.)

sternflüstern

Jenseits des Polarkreises

Susanne Becker (Hrsg.)

sternflüstern

Jenseits des Polarkreises

Mit einem Vorwort von

Wladimir Kaminer

Mit 106 Abbildungen

Herbig

Bildnachweis:
Alle Fotos von Pavel Rybarev und Stanislaw Krzeminski

Besuchen Sie uns im Internet unter:
www.herbig-verlag.de
www.sternfluestern.zdf.de

Umschlaggestaltung: Wolfgang Heinzel
Umschlagbild: Stanislaw Krzeminski
Karte auf Vor- und Nachsatz: Theiss Heidolph
Herstellung und Satz: VerlagsService Dr. Helmut Neuberger
& Karl Schaumann GmbH, Heimstetten
Gesetzt aus der 10,5/14,4 Stone Serif
Drucken und Binden: GGP Media GmbH, Pößneck
Printed in Germany
ISBN 3-7766-2415-9

Inhalt

WLADIMIR KAMINER

Der Tag des deutschen Rentierzüchters kommt!

Auch dieses Jahr wurde die gute Tradition des ZDF, kinderreiche deutsche Familien nach Sibirien zu schicken, fortgesetzt. Rechtzeitig im September begannen die Dreharbeiten, damit alle Daheimgebliebenen pünktlich zu Weihnachten eine anrührende Fernsehserie auf den Bildschirm bekämen. So ein dokumentarischer Winterspaß ist nicht leicht zu organisieren.

Letztes Jahr mussten dafür zwei deutsche Familien fast sechs Monate lang auf einer Insel im Baikalsee ausharren, und mein Freund, der Kameramann, sogar noch länger, damit hierzulande die glühweintrinkenden Zuschauer mitbekommen konnten, wie schön die sibirischen Sonnenuntergänge sind. Gleich nach der Ausstrahlung meldeten sich bereits die ersten Familien für die nächste Folge an. Insgesamt waren es dann sogar noch mehr als beim ersten Mal. Die unterschiedlichsten Menschen aus allen Regionen Deutschlands erklärten sich bereit, für ihren sibirischen Traum sofort die Koffer zu packen.

Die ZDF-Mitarbeiter besuchten einige Dutzend Familien in Ost- und Westdeutschland und wählten wie auch schon zuvor die zwei filmreifsten aus, die diesmal stellvertretend für alle Deutschen in das arktische Abenteuer geschickt werden sollten: einmal die Familie Rabe aus Schleswig-Holstein, er ist Arzt aus dem Westen und sie Steuerberaterin aus dem Osten mit guten Russischkenntnissen; er hat drei und sie zwei Kinder aus erster Ehe. Der Mann hatte den Film *Doktor Schiwago* gesehen und wusste sofort, dass es auch ihm gefallen würde, als Arzt im Schnee mit dem Schlitten unterwegs zu sein. Seine Frau versprach sich von dieser Reise, ganz pragmatisch, ein Zusammenwachsen ihrer »Patchwork«-Familie. Auch das andere Ehepaar, die Familie Studte aus Sachsen-Anhalt – er ein Landwirt und sie eine Arbeitsamts-Sachbearbeiterin – mit einer Tochter, konnten einige Brocken Russisch. Die Erwachsenen waren Feuer und Flamme, die Kinder eher misstrauisch. »Sibirien ist schon in Ordnung, aber nicht für drei Monate«, meinte eines der Kinder.

Familie Rabe: Die Eltern wollten das Abenteuer sofort wagen, die Kinder waren zunächst skeptisch ...

Vier Folgen sollten aus ihrem Sibirien-Aufenthalt entstehen. Ich habe jedoch nur die zwei ersten ungeschnittenen gesehen, im Berliner ZDF-Büro, mit Kommentaren des Regisseurs, weil das Buch zum Film früher als der Film selbst erscheinen muss.

Diesmal ging es nicht nach Südsibirien, sondern in Richtung Nordpol – in eine Gegend, die kaum von Touristen besucht wird. Die eine Familie flog mit dem Hubschrauber dorthin, die andere fuhr mit dem Schiff den Ob hinauf. Sie landeten in Jar-Sale, einem Dorf auf der Halbinsel Jamal, im Autonomen Bezirk der Jamal-Nenzen. Knapp 500 000 Menschen leben dort, auf einem Territorium, das dreimal so groß wie Deutschland ist. Aber das konnten die Familien nicht wirklich merken. Sie wurden in alte, aber komfortable Holzhäuser einquartiert, deren Wohnungen voll eingerichtet waren, sie gehörten Nenzen-Familien, die für einige Monate in die Tundra gezogen waren. Das Abenteuer begann gleich am ersten Tag: Die siebenköpfige Patchwork-Familie bekämpfte die eingedrungenen Kakerlaken in der Küche und wurde dabei schon fast zusammengeschweißt; die andere dreiköpfige Familie versuchte das vorübergehend abgestellte Wasser wieder zum Fließen zu bringen. »Ich bin positiv überrascht«, sagte die Mutter nach dem Kakerlakenkampf. »Ich sehe das dicke Ende noch kommen«, meinte der wassersuchende Vater. Ihre Nachbarn, die Nenzen, die sie freundlich begrüßten, sahen kein dickes Ende kommen. »Wasser?«, fragten die Deutschen. »Ja, Wasser«, sagten die Nenzen. »Kakerlaken?« »Ja, Kakerlaken.« Dieses Volk ist schon seit Jahrhunderten für seine ruhige, gelassene Art bekannt.

Vor rund 500 Jahren schickte der Sohn des Zaren Iwan der Schreckliche, der halbschreckliche Fjodor, seine Kosaken in den Norden. Sie sollten dem Imperium neue unbekannte

Länder erschließen. Die Kosaken eroberten die Gebiete links des Ob. Kurz vor dem Nordmeer trafen sie auf wilde Völker, die den Rentieren hinterher durch die Tundra folgten. Die Kosaken bauten auf der Halbinsel Jamal eine Festung und belegten die Ureinwohner mit einer Naturalabgabe, dem *jasak* – zugunsten des russischen Zaren. Diese Steuer war nicht von der Höhe des Einkommens abhängig, sie schwankte erheblich, je nachdem, wie nahe der betreffende Rentierzüchter der Festung kam und wie schnell er wieder in die Tundra entwischen konnte.

Im 19. Jahrhundert begann in Russland die Reformperiode, der damalige russische Premierminister Speranski bezog auch die nördlichen Regionen des Landes in sein Reformwerk mit ein: Die Zivilisierung des Nordens wurde zur obersten Priorität erklärt, alle dort lebenden Ethnien teilte man in drei Gruppen auf: die Sesshaften, die Nomaden und die sich Herumtreibenden.

Es wurde ein verwickelter administrativer Apparat zur Führung dieser Gruppen aufgebaut und eine einheitliche Naturalsteuer, der *jasak*, eingeführt. Außerdem mussten alle Nomadenfamilien ihre Wanderwege anmelden, in jeder Sippe wurde ein Sprecher gewählt, der alle Beziehungen zwischen dem Staat und der Gemeinschaft regeln sollte. »Die Reform wurde von den nordischen Völkern mit Ruhe und Gelassenheit aufgenommen«, konstatierte 1822 die russische Presse. Anders konnte es auch nicht sein, denn die nördlichen Völker sind mit wenigen Ausnahmen ruhig und gelassen. Die meisten hatten außerdem von dieser Reform gar nichts mitbekommen. Nach der Revolution 1917, als der Bürgerkrieg auch Sibirien erreichte, verschwanden die Sesshaften, die Nomaden und die sich Herumtreibenden in der Tundra für alle Fälle und – kamen erst 1924 zurück. Unmittelbar

Familie Studte: Mit landwirtschaftlichen und Russischkenntnissen gut gerüstet für das Sibirien-Abenteuer

danach wurde von der neuen Sowjetmacht eine »Kommission zur Unterstützung der ethnischen Minderheiten der nördlichen Randgebiete beim sozialistischen Zentralkomitee Russlands« gebildet – kurz »Nordkomitee« genannt. Ab sofort entschied dort über alles der sozialistische Sippenrat, die zaristische Steuer wurde als völkerfeindlich abgeschafft, stattdessen wurden die Rentierzüchter in *Sowchosen* organisiert, die Brigaden bekamen solche revolutionären Namen wie »Der helle Weg« und »Lenins Vermächtnis« – ihre Tiere wurden verstaatlicht. Auch diese Reform wurde von den Nenzen mit Ruhe und Gelassenheit aufgenommen.

Das Leben auf der Jamal-Halbinsel richtete sich nicht nach der Politik Moskaus, sondern nach den Rentieren. Der größte Teil der Bevölkerung folgt den Wanderungen der Rentiere auf ihrer Nahrungssuche durch die Tundra: seit Jahrhunderten immer die gleiche Route, weil die Rentiere am besten wissen, wie man in dem schwierigen Klima des Nordens überlebt. Und so ersetzen sie für die Nenzen den Zar, den Staat und den Revolutionsrat, wobei sie sich das ganze Jahr über im Kreis bewegen. Ihre Hauptroute wiederholt die Form der Halbinsel Jamal.

Auf diese Weise wird die alte Formel der Weltordnung bestätigt: Alles dreht sich im Kreis. In diesem Fall kreisen die Nenzen um die Rentiere, die zwei deutschen Familien um die Nenzen, das ZDF-Team um die Deutschen und ich um das ZDF. Also, liebe Leser, lasst uns nun zusammen kreisen.

Im Frühling geht das Ren gen Norden, dorthin, wo es weniger Mücken gibt, auf die Sommerweide, im Herbst zieht es in den Süden, wo die Tundra an die Taiga grenzt, dort kann es natürlichen Schutz gegen Wind, Eis und Schnee finden. Jede Herde wird von einer Sippe oder einer Brigade, was fast das Gleiche war, begleitet. Das größte Abenteuer dabei ist jedes Jahr aufs Neue die Überquerung des großen Flusses Sejacha. »Hier oben im Norden halten alle Menschen auf eine sehr schöne Art und Weise zusammen, das imponiert mir sehr. Es ist auch sehr spannend, die Nomaden kennen zu lernen, ein so urtümliches Leben habe ich bisher noch nirgendwo kennen gelernt«, schrieb mir der Kameramann in einer E-Mail. Ist es auch der Traum jedes Deutschen, wie die Nenzen jeden Tag alle Hände voll zu tun zu haben? Wandervorbereitungen, Zeltabbau, das Zusammenbringen der Herde, das Auswählen der Fahrtiere und die Organisation des »Sippenherdes« am neuen Ort, das Schlachten usw. Die Russen haben in den letzten Jahrhunderten viele schlechte Angewohnheiten in den Norden gebracht. Dazu gehört neben dem Wodka auch das Brotessen. Inzwischen ist es zu einem festen Bestandteil der Nomadenküche geworden. 500 bis

600 Brotleiber werden pro Sippe für eine Wanderungsperiode eingekauft und müssen mitgeschleppt werden. Nach jeder Flussüberquerung wird das Brot, das sich längst in Trockenbrot verwandelt hat, ausgelegt und am Ende des Tages wieder eingepackt. Selbst backen tun die Nomaden nicht mehr, weil man dafür Zutaten braucht, die schwer oder gar nicht aufzutreiben sind. Die Jagd wird auch nur noch von Minderjährigen ausgeübt. Die Nenzen in den *Sowchosen* bekommen ihre Gehälter auf Jamal seit zehn Jahren nicht in Geld, sondern in Coupons ausgezahlt, die man in speziellen Geschäften gegen bestimmte Waren zu einem ungünstigen Kurs tauschen kann. Deswegen ist die Anschaffung von Jagdgewehren, Munition, Medikamenten, Elektrobatterien, Zeltplanen und anderen lebensnotwendigen Waren fast unmöglich. Aus Patronenmangel schießen die jungen Nenzenjäger nur dann, wenn sie eine *slianije* sehen, das heißt, wenn sich zwei Wildgänse oder -enten im Flug kreuzen. Trotzdem sind die Rentierzüchter besser gestellt als die Jäger oder Fischer. Sie haben eine abwechslungsreichere Nahrung zur Verfügung: Blut, Fleisch, Fett, außerdem Material für ihre Kleidung und Unterkünfte und, was in der Tundra besonders wichtig ist: ein Fahrwerk, das keine Ersatzteile und kein Benzin braucht.
Heute gibt es neben den *Sowchosen* auch private Herden sowie Privatgeschäfte. Der Nenze Kyrill, der die beiden deutschen Familien betreut, hat z.B. eine Fleischvermarktungsfirma im Dorf. Seine Tante lebt noch in der Tundra. Dorthin brachte er dann auch die Familie Rabe für einige Wochen, damit sie einen Eindruck von der nomadischen Lebensweise bekamen – bis es anfing zu frieren. Eine Familie wie die Rabes zum Beispiel (zwei Erwachsene und fünf Kinder) würde auf Jamal eine Herde von mindestens 400 Köpfen zum Überleben

brauchen. Etwa 100 davon werden zum Arbeiten benutzt, etwa 60 für den Transport des Familienbesitzes, einschließlich Zelt, 20 für weite Ausflüge zum Jagen oder Einkaufen und 20 männliche Tiere, die ausgebildet werden, um irgendwann die alten Arbeitstiere abzulösen. Für ihren Lebensunterhalt (Essen und Kleidung) würde die Familie Rabe zwischen 50 und 80 Rentiere jährlich vernutzen, das würde auch für unvorhergesehenen Besuch von Gästen, Schwiegermüttern und Fernsehteams reichen. Für das Ausbessern und Erneuern des Zeltes, das durch Frost und Wind schnell kaputtgeht, müssten die Rabes mit noch einmal 80 bis 100 Tieren rechnen. Den Rest könnten sie dann für die Feier anlässlich des Rentierzüchtertages verwenden, der alljährlich Anfang April in Jar-Sale stattfindet.
Zu diesem größten Fest auf der Jamal-Halbinsel kommen fast alle Sippen aus der Tundra ins Dorf, sie veranstalten Schlittenrennen, Reitturniere, Lassowerf-Wettbewerbe, singen, tanzen und preisen ihr Leben. Aber so lange werden die Deutschen in Jar-Sale nicht bleiben, sie werden noch vor Weihnachten wieder zurückgeflogen – nach Deutschland, wo sie für ihren Lebensunterhalt keine Rentiere brauchen. Außer den Nenzen und anderen kleinen Nordvölkern ist so gut wie niemand an Rentieren interessiert, dafür sind die Bodenschätze der Jamal-Halbinsel für Russland und Europa von großer Bedeutung. Ohne es wahrscheinlich zu wissen, kochen die Familien Rabe und Studte schon seit Jahrzehnten mit Gas aus dem Autonomen Bezirk der Jamal-Nenzen. Anfang der achtziger Jahre schloss die UdSSR wegen des amerikanisch-westdeutschen Röhrenembargos ein so genanntes Jamburg-Abkommen mit den sozialistischen Bruderländern, um gemeinsam zur Erschließung des Gasfeldes am Mittleren Ob eine Gastrasse bis an die Westgrenze zu bauen.

In der letzten Zeit wird nun auch die Halbinsel Jamal zunehmend von Öl- und Gas-Firmen erobert. Die Arbeiter bringen nicht nur schweres Gerät, sondern auch ihre Hunde in die Tundra und lassen sie dort verwildern. Die von Menschen verratenen Tiere bilden Banden und versuchen, einzelne Rentiere zu töten, indem sie die Herden einkreisen. Die traditionell hundefreundlichen Nenzen erlauben es nicht, das Hundeproblem mit Gewalt zu lösen.
In Russland werden die Probleme der Nenzen und auch der anderen Völker des Nordens nicht besonders ernst genommen, wahrscheinlich gibt es im westlichen Ausland mehr Initiativen, die sich für die Rechte der sibirischen Ureinwohner einsetzen als in meiner Heimat. Die Sitten und Gebräuche dieser Völker waren in der Sowjetunion eigentlich nur durch die Auftritte des Künstlers Kola Beldi bekannt, »der

Der Rentierzüchtertag, das größte Fest auf der Jamal-Halbinsel, findet alljährlich Anfang April in Jar-Sale statt.

goldenen Stimme des Nordens«, der stellvertretend für alle kleinen nomadischen Ethnien in den Konzertsälen und Kulturhäusern des Landes sang und tanzte. Mitte der siebziger Jahre kreiste er mit seinem Hit »Lass mich dir die Tundra zeigen« durch sämtliche großen Städte. Seine Gastspiele dauerten jedes Mal Jahre.
Auch ich habe als Kind einmal Kola Beldi in einem Konzert erlebt: Er war ein zierlicher Mann, klein wie ein zwölfjähriges Kind, dazu noch in ein nationales Kostüm aus Rentierfellen eingewickelt, das ihm einige Nummern zu groß war. Außerdem konnte er nicht ruhig auf der Bühne stehen und torkelte ständig herum. Böse Zungen meinten, Kola Beldi sei noch nie in seinem Leben nüchtern gewesen. Viele im Publikum lachten, als der kleine Mann zum Mikrofon ging. Aber schon nach fünf Minuten herrschte absolute Stille im Saal. Kola Beldi hatte eine kräftige Stimme und war ein begnadeter Akteur: Während des Singens sprang er permanent hin und her, her und hin:

Lass mich dir die Tundra zeigen, / wo der Schnee schon grau wirkt,
Ich wäre so gern ein Rentierfell, / das zu deinen Füßen liegt,
Durch den Frost und durch den Nebel / reiten bis ans Ende der Welt,
Um für immer zu verschwinden / hinter glattem weißen Feld!!!
Lass uns rennen, lass uns reiten, / in das tolle Reich des Schnees,
Du wirst staunen, du wirst sehen, / es ist wirklich wunderschön …
Uhuu!

Jedes Mal wurde sein Hit mit großem Applaus begrüßt. Nicht, dass die Zuhörer wirklich mit Kola Beldi in die Tundra reiten wollten, einige waren auch schon mal dort gewesen. Nun waren sie jedoch froh, sich an dieser Reise ausschließlich imaginär beteiligen zu können.

SUSANNE BECKER

Der Ruf des Nordens

A*nfänge* Am Bahnhof von Workuta, weit im Norden Russlands. Diese Stadt muss die abgeschiedenste Europas sein, und bestimmt auch die lebensfeindlichste mit zehn Monate langen Wintern, in denen die Temperaturen oft unter –40 °C fallen und die Polarnacht ein Vierteljahr dauert. Zu Stalins Zeiten war sie eine Gefängniskolonie, heute leben noch fast 200 000 Menschen hier, in dieser Betoninsel inmitten der straßenlosen Tundra.

Die Bahn ist so etwas wie ihre Nabelschnur zur Außenwelt – endlose Strecken, die Tausende Zwangsarbeiter in die Eiswüste schlugen. Auch die Polarkreis-Eisenbahn, ca. 400 km Richtung Osten nach Labytnangi am Ob. 15 Stunden braucht die Bahn für diese Strecke, und sie ist die Lebensader für einsame Gemeinschaften in der polaren Wildnis: Geologen, Rentierzüchter, Jäger, Aussteiger. Sie bringt die Post in die entlegenen Siedlungen des Nordens, auch Lebensmittel, Obst und Gemüse. Und sie rattert durch ein unberührtes, wildes Paradies, den nördlichen Ural, die erhabene Kulisse für ein bescheidenes Steinkreuz, das nichts weniger markiert als die Grenze zwischen Europa und Asien. Die Schwelle nach Sibirien.

An diesem Morgen Anfang September besteigt am Bahnhof von Workuta eine deutsche Familie die Polarkreisbahn. Sie ist auf dem Weg zu einer kleinen Siedlung an der Mündung des Ob ins Nordmeer, wo sie die kommenden Monate in den sibirischen Winter hinein leben wird. Die Familie ist groß, fünf Kinder zwischen neun und 18 Jahren werden von der Mutter, die fließend russisch spricht, in den Zug verfrachtet und vom Vater auf die beiden reservierten Abteile verteilt. Dann beginnt die lange, lange Reise. Und je tiefer der Zug hineinrollt in die einsamsten Gegenden Russlands, desto nachdenklicher werden die deutschen Abenteurer über all das, was sie bewogen hat, so weit im Norden eine neue Heimat auf Zeit zu suchen.

Leben wie die Sibirjaken jenseits des Polarkreises wollen sie: Dafür haben sie sich beim ZDF beworben. Familie Rabe aus Schleswig-Holstein haben wir, zusammen mit einer weiteren deutschen Familie, den Studtes aus Sachsen-Anhalt, aus über 400 Bewerbern ausgewählt, die für die ZDF-Dokumentation *Sternflüstern** den heutigen sibirischen Alltag erproben wollen. Und das heißt, sich über mehrere Monate wirklich einlassen auf diese völlig fremde Welt, die uns Deutsche von jeher auf solch widersprüchliche Weise fasziniert. »Land der Verheißung, Land der Verbannung – ewig weit, bitterkalt. Sibirien – ein Mythos. Und ein großes Abenteuer …« – so versuchen wir, diesen besonderen Mythos anklingen zu lassen und leiten damit jeden *Sternflüstern**-Film ein. Und dann geht es in jeder Film-Geschichte darum, dieses so magische Land und seine Menschen besser kennen zu lernen und seinem Geheimnis ein wenig näher zu kommen.

*Sternflüstern** ist in dieser Form ein außergewöhnliches Fernsehprojekt. Vom Alltag hinter dem Mythos Sibirien wollten wir erzählen, einem Alltag unter extremen Bedingungen, in

Das ZDF-Team bei den Dreharbeiten am Bahnhof von Workuta – hierher kamen früher die Menschen nur unfreiwillig.

einer lebensfeindlichen Natur und in einem riesigen Land im Umbruch. Aber nicht als Reportage-artige Zusammenfassung unserer Recherchen und Besuche, sondern als Dokumentation einer spannenden, intensiven und durchaus emotionalen Annäherung. So entstand vor zwei Jahren die Idee zu *Sternflüstern**. Wir riefen im ZDF-Programm dazu auf, mit Kind und Kegel auf Zeit nach Sibirien zu gehen. Und die Resonanz war erstaunlich.

Das erste Sternflüstern-Abenteuer* Im Herbst 2003 brachen Familie Möchel aus Bayern mit ihren vier reizenden Mädchen zwischen vier und elf und die Klapproths aus Sachsen-Anhalt mit der zwölfjährigen Jenny zum ersten *Sternflüstern**-Abenteuer auf. Von September 2003 bis Januar 2004 lebten sie in kleinen russischen Holzhäusern am Baikalsee. Im Dorf Chuschir auf der Insel Olchon lernten sie von ihren russischen Nachbarn den sibirischen Alltag ohne fließendes Wasser, Heizung oder ständigen Strom zu meistern; sie arbeiteten mit Fischern, einer Krankenschwester, Bauarbeitern am Aufbau der russisch-orthodoxen Kapelle, halfen den Frauen in der Fischfabrik. Jenny ging tapfer in die russische Schule, und Vater Möchel baute ein Segelboot für den Nachbarjungen Aljoscha. Sie erlebten den knallharten Wintereinbruch Anfang Oktober, die Mühsal der Zweitagesreise zum Chinesenmarkt in Irkutsk, um Winterkleidung zu erstehen – und das unheimliche Gefühl, am zufrierenden Baikalsee ohne Fähre über Wochen im Winter von der Welt völlig abgeschnitten zu sein. Eine fremde Welt für die Deutschen – Erlebnisse, die für die Menschen auf Olchon schon immer zu ihrem harten Alltag gehören.

Und: die Familien lernten die Lebenskunst und Herzlichkeit ihrer russischen Nachbarn kennen. Mascha und Mischa, Ludmilla und der kleine Aljoscha, sie haben den Deutschen sehr geholfen – und diese Freundschaften gehen weit über das Doku-Abenteuer hinaus, bis heute. Klapproths haben fest vor, im kommenden Sommer ihre Freunde in Chuschir zu besuchen. Und die Möchels, die schon auf Olchon vom Aussteigen träumten, machen sich im fränkischen Wald ein »Sibirien-Haus« ohne Heizung zurecht. Sibirien hat ihr Leben verändert.

Und *Sternflüstern**, so scheint es, hat der Sibirien-Sehnsucht vieler Deutscher eine neue Dimension gegeben. Bis zu sieben Millionen Zuschauer verfolgten Anfang des Jahres dienstagabends den Kampf der deutschen Familien gegen die Kälte. Viele haben uns geschrieben, vor allem darüber, dass sie sich

das Leben dort so gar nicht hätten vorstellen können und viel Neues über das Land ihrer Träume – oder Albträume – erfahren hätten. Manche wollten auch helfen und spendeten für die Menschen auf Olchon, die in bitterer Armut vor allem im Norden der Insel leben. Einige sind sogar dorthin gereist und haben die ahnungslose Ludmilla beim Einkaufen angesprochen und Mischa und Mascha aufgesucht: Das hätte ihnen viel Spaß gemacht, hieß es aus Chuschir, wo es diesen Sommer mehr deutsche Touristen gab als je zuvor. Und immer wieder hörten wir den Wunsch, noch mehr über das mythische Sibirien zu erfahren.
Das passte zu unserem Gedanken, die am Baikalsee begonnene Geschichte über das heutige Sibirien fortzusetzen. So immens ist dieses Land, so gewaltig seine Natur und so beeindruckend sind die Menschen, die gelernt haben, mit ihr zu leben, dass wir *Sternflüstern** einfach weitererzählen müssen. Dabei folgen wir dem Ruf des Nordens in eine Gegend, die einerseits lebensfeindlicher kaum vorstellbar ist, mit ihrem Permafrost und der langen Finsternis der Polarnacht. Die aber auch unwiderstehlich anzieht mit ihrer grandiosen Weite, geprägt von Tundra und Nordmeer. Und über deren Reichtum an Erdgas wir viel hören, während wir über den Alltag der Menschen hier kaum etwas wissen: die Halbinsel Jamal an der Mündung des Ob ins arktische Meer, jenseits des Polarkreises.

Mythen des Nordens »Das fünfte Element« nannten die frühen Entdecker voller Horror die Tundra. Der Schriftsteller Iwan Gontscharow, der im Auftrag des Zaren die zweijährige Weltumsegelung der Fregatte »Pallas« begleitete, schrieb 1854 an einen Freund: »Die Tundra ... das heißt Moos, das Moor und Wasser verdeckt, sich verschlingende Wurzeln von Bäumen und noch vieles andere, wovon unsere ›Geologen‹ vielleicht noch nicht einmal geträumt haben« (zitiert nach U. Babon, in: *Die Welt,* 19. Januar 2004). Von Schwermut geplagt trat er die gewaltige Durchquerung des sibirischen Nordens vom ostsibirischen Ajan nach St. Petersburg zu Pferd an – wie so viele ein Gefangener der Tundra.

Moderne Reiseschriftsteller wie Colin Thubron schwärmen vom wilden Zauber des Nordens, den er – aus sicherer Distanz – von einem Schiff auf dem Jenissej aus genießt: »Dies ist das urtümliche Sibirien«, schreibt er träumerisch, als er »im Gold der Wälder« den Polarkreis überquert: »ungreifbar, unendlich, das wie ein geografisches Unbewusstes hinter den Augen der frühen Reisenden saß. Seine scheinbare Leere war eine blanke Tafel, die man voll schreiben konnte ... In seiner schneeumschlossenen Reinheit, seiner Entrücktheit wurde Sibirien zum Hort einer imaginären Unschuld« (*Schlafende Erde, erwachendes Land,* 1999, S. 144).

Und der tschuktschische Schriftsteller Juri Rytchëu beschwört die ursprüngliche Mythologie einer versinkenden Kultur, der es immer gelang, im Einklang mit den rauen Naturkräften der Arktis zu leben: In seinem monumentalen Epos *Der letzte Schamane* erzählt er vom Einbruch der Zivilisation in ein verstörend wirkendes, aber kraftvolles Gleichgewicht der Gewalten des Lebens im Norden: »[Der Schamane Kaljatsch] fühlte ... das Nahen großer Veränderungen, aber er konnte nicht sehen, was kam. ... [Er versuchte] die Uelener zu zwingen, sich an die heroische, wunderbare Vergangenheit zu erinnern, sich als Menschen zu sehen, die fest auf diesem schmalen, steinigen Landstreifen standen, der unter den Schlägen der riesigen Ozeanwellen erzitterte« (2000, S. 64).

Wie mag es sein, an dieser sturmumtosten Nordküste sein ganzes Leben zu fristen? Was sind das für Menschen, die in dieser so schwer erreichbaren und nicht zu bewirtschaftenden Weite zu Hause sind? Die sibirischen Urvölker des Nordens: Die Tschuktschen, von deren natürlicher Verbundenheit mit allem Lebenden Rytchëu so beeindruckend erzählt – ihr Schöpfungsmythos zelebriert ihre Ur-Verwandtschaft mit dem Wal. Weit im Nordosten die Jakuten, die am Kältepol der Erde leben und den poetischen Begriff »Sternflüstern« für ein harsches Naturphänomen prägten: für den Moment nämlich, wenn bei –52 °C der eigene Atem zu einer Wolke feinster Eiskristalle gefriert, die leise klirrend zu Boden rieseln. Die Nenzen, die mit ihren Rentierherden über die Halbinsel Jamal ziehen und die wir hoffen, jenseits des Polarkreises jetzt besser kennen zu lernen! Und, neben weite-

Auf dem Ob, an Bord eines Passagierschiffes, fuhr Familie Studte (hier Erik) ihrem Abenteuer entgegen.

ren Nordvölkern, die Russen, von denen es heißt, nicht einer sei freiwillig gekommen, sie alle seien durch Verbannung und Gefangenschaft in den rauen Norden geraten. Und doch schwingt dabei immer die Liebe zu ihrem Land mit ... So konstatiert der Historiker Nikolaj Kotschmar, dass die Welt gar nicht wisse, was sie hier lernen könnte: Toleranz, Geduld, Friedfertigkeit. Nie sei von hier ein Krieg ausgegangen: »Nur bei Wärme«, glaubt der Professor, »schlägt man sich die Köpfe ein.«

Mythen des Nordens – die deutschen Familien sind ihnen auf der Spur. An den Polarkreis denkt zwar, wer an Sibirien denkt, meist zuerst – aber das Wort mit Leben füllen, gar eine geraume Zeit jenseits der von ihm markierten Zivilisation verbringen, ist in dieser Form wieder ein neues Experiment. Wie lebt es sich hier Tag für Tag, in der Gewalt einer so menschenfeindlichen Natur? Und können wir, die wir die Annehmlichkeiten westlicher Zivilisation selbstverständlich nehmen, den Alltag hier erlernen? Mit Hilfe der Einheimischen, auf deren sprichwörtliche Lebenskunst wir dabei angewiesen sind? Das sind grundlegende Fragen des *Sternflüstern**-Projekts. Dabei gibt es immer möglichst wenige Spielregeln: Die beiden ausgewählten Familien lernen sich erst am Drehort kennen – wo dieser genau liegt, wissen sie nicht. Dort bekommen sie ein Startgeld, bis sie Arbeit haben und sich selbst genauso versorgen können wie die Menschen vor Ort. Diese Möglichkeiten haben sie hier, weit im Norden. Doch das neue Polarabenteuer, dessen sind wir uns bewusst, wird um einiges härter als unsere erste Annäherung an das heutige sibirische Leben am Baikalsee.

Der Weg nach Jamal Sie würden in einer Siedlung leben, die seit ein paar Jahren mit dem Erdgas-Reichtum dieser Gegend

den Sprung in die Moderne versucht, an der eisigen Nordküste Sibiriens. Und sie könnten, wie die meisten hier, zusammen mit einer einheimischen Familie einer Rentierherde durch die Tundra folgen. So viel wussten sie, und darauf wollten sie sich auch einlassen, die beiden Familien, die wir für das Leben jenseits des Polarkreises in einem langen Casting-Prozess ausgewählt hatten. Und doch: Der Weg nach Jamal ist weit, und je länger die Reise nach Norden sich zieht, desto ernster wird die Frage danach, was in dieser großartigen Einöde wohl wirklich auf sie warten mag.
Bei Familie Rabe in der Polarkreisbahn herrschen gemischte Gefühle. Für Sohn Max (16) ist Sibirien so gar nicht das Land seiner Träume, für Schwester Aneken (12) wäre Sibirien ja noch o.k., aber nicht so lange! Der Jüngste, Boike (9), und der Älteste, Alexander (18), sind neugierig auf neue Bekanntschaften. Solveig (14) geht zwar gespannt auf das fremde Land zu, sieht aber das enge Zusammenleben der ganzen Familie mit vorsichtiger Skepsis. Gerade das wiederum ist den Eltern wichtig: Die Rabes sind eine Patchwork-Familie, vor sieben Jahren hat Mutter Katrin die beiden großen Söhne Alexander und Maximilian und Vater Karl die drei jüngeren Kids Solveig, Aneken und Boike mit in die Ehe gebracht. Diese Monate in Sibirien sind also ein ganz besonderes gemeinsames Abenteuer. Karl Rabe ist Arzt, hat eine Praxis in einem kleinen Ort in Schleswig-Holstein und bereits als Schiffsarzt Erfahrungen mit den unterschiedlichsten Heilmethoden in aller Welt gesammelt. Er geht auf diese Reise auch mit gespannter Offenheit dafür, was er von den Heilern des Nordens lernen kann. Katrin Rabe kommt aus Rostock, hat in Kiew Volkswirtschaft studiert und als Studentin bereits in West-Sibirien gearbeitet. Sie freut sich auf das Familienabenteuer in diesem Land, an das sie gute Erinnerungen hat.

Auf dem Ob, an Bord des wöchentlichen Passagierschiffs von Labytnangi an die Nordküste, fährt Familie Studte ihrem Abenteuer entgegen. Fast 20 Stunden dauert die Passage und führt erst einmal in eine kalte, klare Nacht. Das Schiff ist überfüllt, die Kabinen schmutzig, die Toiletten unsäglich: die erste schwere Prüfung für die zwölfjährige Jana: »Schlimmer kann es nicht mehr kommen ...« Die Studtes bewirtschaften zusammen mit Eriks Bruder einen großen Hof in Sachsen-Anhalt, mit Gänsen, Schweinen, Tauben und einem Haus, das bereits seit über 200 Jahren im Familienbesitz ist. Weit gereist sind sie noch nicht, aber Sibirien hat sie schon lange gereizt. Und für die besonderen, fremden Lebensumstände, auf die sie mit großer Offenheit zugehen, fühlen sie sich durch ihr naturverbundenes Leben eigentlich gut gerüstet. Außerdem liebt Erik die Jagd und freut sich darauf, mit den Männern von Jamal in der Tundra zu jagen. Die Studtes haben den Sommer genutzt, um ihr Schulrussisch aufzufrischen – und die mutige Jana versucht bereits auf dem Schiff, es auch zu benutzen.
Aber so schwierig die langen Stunden auf dem Weg nach Norden auch sind, die gewaltige Weite dieser neuen Welt zieht die deutschen Aussteiger auf Zeit schnell in ihren Bann. Ihre neue Heimat, die Siedlung Jar-Sale, liegt inmitten der straßenlosen Tundra, da, wo der Ob sich 60 km weit öffnet und ins Nordpolarmeer fließt. Nur mit Helikopter oder Schiff ist sie zu erreichen und in den neun langen Wintermonaten oftmals abgeschnitten von der Welt. Bereits Anfang Oktober, als ich die Familien und das Team dort besuchte, gab es vier Tage lang keinerlei Verbindung nach Jar-Sale: schlechte Sicht für den Helikopter, Stürme auf dem Ob, dann begann es zu frieren. Das sei völlig normal, sagten die Leute im kleinen Flughafencafé: eine Woche Warten – das sei normal! Ich ver-

Nach 13 Stunden in der Polarkreis-Eisenbahn von Workuta nach Salechard ging es für Familie Rabe per Helikopter nach Jar-Sale.

suchte mich in russischer Langmut ... Erst als alles friedlich eingeschneit war, wie hierzulande zur Weihnachtszeit, brachte ein Helikopter nach und nach die Wartenden von der Polarkreis-Stadt Salechard nach Norden.

Wenn die Russen wüssten! Zu den Wartenden gehörte Gennadi Sajzew, der Leiter des Historischen Museums von Jar-Sale. Jeden Morgen saß er wieder gelassen mit molliger Fellkappe beim Tee und staunte über meine Ungeduld, wenn wir Stunde um Stunde vertröstet und nachmittags um drei schließlich für heute nach Hause geschickt wurden. Er hatte bereits das Kamerateam und die beiden deutschen Familien in der Siedlung kennen gelernt und schloss messerscharf, dass ich da dazugehörte – was sollten wohl sonst all die Deutschen hier oben? Diese Fernsehproduktion sei schon ein kurioses Experiment, befand er, aber nicht ohne Sinn:

Nicht einmal die Russen wüssten ja wirklich, wie es hier im Norden aussehe!
Am zweiten Morgen unterhielt er sich intensiv mit zwei jungen Reisenden – wie sich herausstellte, über unser Projekt und das deutsche Interesse an Sibirien. Die beiden waren Reporter der russischen »Newsweek« aus Moskau, die auf einer regionalen Website der Jamal-Halbinsel gelesen hatten, dass deutsche Familien mit zahlreichen Kindern nebst Kamerateam in Jar-Sale Quartier bezogen und Arbeit gesucht und gefunden hätten: Unter dem Titel »Guten Tag, Jamal« werde ihr Besuch bald den deutschen Fernsehzuschauern präsentiert. Nach eingehender Recherche hatten sie sich bei der Administration angemeldet, um diese Deutschen zu besuchen und über ihr Fernsehexperiment zu berichten. Jetzt warteten die beiden schon seit Tagen auf Transport zu ihrem Ziel – ohne dass sie auch nur versucht hätten, mit dem ZDF-Team dort Kontakt aufzunehmen. Höchst erfreut stellten sie fest, dass ich mit der Sache zu tun hatte, und fragten schon mal erleichtert wenigstens mich danach aus. Was interessiert die Deutschen an Sibirien? Warum der Baikal – und jetzt ausgerechnet der Norden?
Natürlich fragte ich zurück: Wie findet ihr denn diese Idee für eine TV-Dokumentation? Richtig wichtig, befand Vera Schengelia, die sich als Reporterin vorstellte, deren Job und Leidenschaft es ist, immer regionale Themen dieses weit verzweigten Riesenlandes aufzuspüren. Nicht einmal die Russen hätten eine Ahnung davon, was hier im Norden vor sich geht. Das Land sei zu groß, die Menschen wüssten nichts voneinander. Die sollten selbst mal hierher kommen und das Leben auf Jamal mitmachen!
Was interessiert dich als Russin am Leben hier oben, fragte ich, und sie berichtete von dem faszinierenden Aufschwung,

den gerade diese Region in den letzten Jahren genommen habe: Hier sei die Zeitenwende ihres Landes spürbarer als irgendwo sonst in der Provinz. In Jar-Sale wären sie noch nie gewesen, bei ihren Recherchen zu *Sternflüstern** hätten sie aber herausgefunden, dass es schon recht modern sein müsse: das Lebenswerk einer ehrgeizigen Bürgermeisterin, die ich unbedingt besuchen sollte. Dann trennten sich unsere Wege: Sie und ihr Fotograf warteten auf eines der letzten Schiffe, die noch den zufrierenden Ob hochfahren sollten; ich kam mit dem Helikopter nach Jar-Sale. Und bevor noch die beiden Moskauer Journalisten dort eintrafen, hatte ich schon einen Termin – bei der Bürgermeisterin.
Dass Marina Galanina auch Regisseur Bernd Reufels und beide Familien bereits vorgeladen und zu ihren unterschiedlichen Zielen hier intensiv interviewt hatte, wusste ich schon, als ich ihr gegenübersaß und Rede und Antwort stand. Ich konnte ihr im Auftrag aller dankbar berichten, wie sehr ihnen die Leute in der Siedlung geholfen hatten, in diesem fremden Ort Fuß zu fassen. Marina Galanina versicherte, sie sei mit dem Kamerateam im Dorf zufrieden und die Familien würden mitarbeiten und sich gut in die Gemeinschaft einfügen. Eine solche Dokumentation sei grundsätzlich sehr sinnvoll, konstatierte sie kategorisch. Aber auch in Russland sollte das gezeigt werden, damit jedermann sehen könne, dass diese Siedlung, die Region und der Norden insgesamt vornedran seien bei der Modernisierung des Landes. Diese war hier sehr offensichtlich: Die Leute hatten uns schon erzählt, dass man noch vor wenigen Jahren in Jar-Sale nur über Holzstege oder im Schlamm von Holzhaus zu Holzhaus gelangte, und die jetzt so schönen vier Hauptstraßen mitsamt Beleuchtung, nebst modernem Schulgebäude, Krankenhaus und Internat wären von Marina Galanina hart errungen.

»Wir haben Permafrost, hier wächst überhaupt nichts«, meinte sie ernst. »Aber mein Ziel ist es, dass dieser Ort einmal aussieht wie jeder andere in südlicheren Breiten.« Dann verbrachte sie mich kurzerhand in einen großen Konferenz-

Aufnahmeleiterin Lena Petlarskaja (links) und Redakteurin Susanne Becker nach dem Wintereinbruch in Jar-Sale

saal, wo ich eine gute Stunde lang vom Regionalfernsehen interviewt wurde.

Was interessiert die Deutschen so an Sibirien, wollte Ludmilla Tscherkawskaja, die blutjunge Nachrichten-Moderatorin, wissen, und wie es den beiden Familien und mir hier in der Siedlung gefalle. Was halten Sie denn von unserem Projekt, fragte ich insiderisch unter Kolleginnen. Ganz in Ordnung, meinte sie – aber wir sollten es umgekehrt machen, Leute von hier einmal nach Deutschland verfrachten und schauen, wie sie da zurechtkämen. Ihre Vorstellungen von Deutschland seien immer sehr großartig – aber wer weiß schon, wie es sich dort wirklich lebt?

Die Russinnen, die Tundra und die Freiheit Alle drei Frauen, die ich in den wenigen Tagen im Norden getroffen hatte, machten einen weiten Bogen um das Thema, das nicht nur mich, sondern längst auch die deutschen Familien besonders interessierte: die Tundra. Es war atemberaubend gewesen, über diese verschlängelte, leicht vereiste und verschneite Weite zu fliegen, die sich so menschenleer bis an den Horizont erstreckt. Bis auf die ganz vereinzelten kleinen Zelte an den spiegelnden Wasserarmen – so klein, so einsam und so vereinzelt, dass ich sie in dieser alles verschlingenden Landschaft gar nicht wahrgenommen hätte, wenn unsere Aufnahmeleiterin Lena Petlarskaja sie mir nicht träumerisch lächelnd gezeigt hätte. Lena kommt aus Minsk und kennt Sibirien unglaublich gut, auch Jamal. Aber für die Recherchen zu *Sternflüstern** hat auch sie sich erstmals in der Tundra länger aufgehalten – und kam staunend zurück: »Dort ist es so friedlich, irgendwie wäre ich am liebsten dort geblieben ...«
»Russische Frauen gehen nicht in die Tundra«, klärte mich Aljona Koroljowa auf, eine schöne, elegante Russin, die seit zehn Jahren als Hebamme in Jar-Sales Krankenhaus arbeitet und mit einem Nenzen verheiratet ist. »Für mich ist es nur wild. Ich könnte es mir nicht vorstellen, dort zu leben, ohne Komfort, ohne Zivilisation, ohne alles, was ich hier habe, total abgeschnitten, nur in dieser eigenen Welt. Es ist sehr hart dort.«
So haben auch die beiden Familien, die neugierig mit Aljonas Mann Kyrill zu Fischern dort aufgebrochen sind, die Tun-

dra erlebt. Ihre Tagebücher spiegeln die Faszination, mit der das völlig ursprüngliche Leben in den *tschumy*, den großen weißen Zelten am Wasser, sie so magisch anzieht – aber auch die Härte, die sie hier in Kälte und Kargheit erleben. Kyrill und seine Großfamilie sind sowohl in der Tundra als auch in der Siedlung zu Hause; und seine spannende Lebensgeschichte erzählen drei der kleinen Porträts »Menschen des Nordens« in diesem Buch. Er ist der beste Botschafter seines Landes: »Ich bin hier groß geworden. In der Tundra bin ich einfach in meinem Element. Menschen von dort lieben Rentiere und Rentiere lieben Menschen. Rentiere helfen Menschen zu überleben. Man muss es selbst sehen. Die Tundra ist für mich Freiheit. Freiheit im reinsten Sinne des Wortes.«

Da stimmt sogar Aljona zu: »Dort vergisst du einfach die Zeit. Deine Seele und dein Körper erholen sich. Du fühlst überhaupt keinen Druck.« Katrin Rabe sagt spontan ganz Ähnliches über ihre ersten Eindrücke – und Lena nickt nur lächelnd dazu. Als ich Rabes und Studtes in Jar-Sale traf, waren alle beeindruckt von ihren ersten Erlebnissen draußen, in dieser weiten und fremden Welt. In der Siedlung hatten sie sich eingelebt: Karl Rabe arbeitete als Arzt im Krankenhaus und seine chiropraktischen Methoden waren schnell so beliebt, dass er eine eigene Sprechstunde bekam. Katrin Rabe arbeitete im Internat mit den Nenzenkindern, Kathrin Studte im Kindergarten und Erik Studte in der Kolchose. Die Kinder gingen in die Schule, hatten Freundschaften geschlossen und die beiden großen Jungs trafen sich abends draußen auf der Straße mit den Kids aus dem Dorf. Aber die Tundra leuchtete am Horizont wie ein Magnet. Ganz im Gegensatz zu den Kola-Beldi-Fans, die in Wladimir Kaminers Vorwort lieber im Warmen von der Tundra träumen, waren alle Rabes und

Studtes, auch die Kinder, fest entschlossen, sich wirklich einem riesigen Wintertross anzuschließen. Mit Schlitten und Winterzelten einer Rentierherde nachziehen – so lange wie möglich: Wir wollen die Freiheit spüren, von der Kyrill gesprochen hat, sagen sie … Respekt!

Sternflüstern in der Tundra* Ich frage Kyrill und Aljona, wie sie diesen Versuch von Deutschen finden, hier zu leben und zu arbeiten. »Sehr gut«, meint Kyrill, »sie sind einfach klasse.« »Man muss schon risikofreudig sein, um hierher zu kommen«, wirft Aljona – aus eigener Erfahrung! – ein. »Ja«, sinniert Kyrill, »ich bin gespannt, wie sie durch den Winter kommen. Den Herbst haben sie sehr gut durchgestanden. Sie verdienen ein großes Lob … Dieses Projekt ist sehr gut. Aber das Schwierigste kommt auf sie in der Kälte zu. Ich glaube auch, dass die Tundra im Winter den Kameraleuten am schwersten fallen wird! Sie werden am meisten müde sein und frieren …«
Wie schwer die Arbeit des Kamerateams in der Tundra wirklich ist, haben schon die ersten Dreharbeiten dort gezeigt: Sowohl Regisseur Reufels (»Sekunden mit Geschichte«) als auch Kameramann Hauck (»Nomaden der Bilder«) haben für dieses Buch darüber geschrieben – ihr eigenes *Sternflüstern**-Abenteuer, zwischen Eiseskälte, schwierigster Logistik und grenzenlosem Einsatz jedes Einzelnen. Dabei können sie auf ihre Erfahrungen am Baikal zurückgreifen – aber auch für sie ist diese Fortsetzung »noch härter« … Das Kamerateam ist fast unverändert zusammengeblieben und nach nur acht Monaten zu Hause wieder für lange Zeit nach Sibirien aufgebrochen ein bemerkenswerter Kraftakt, denn diese Dreharbeiten verlangen einfach allen Machern absolut Außergewöhnliches ab.

Dabei ist das konsequente Ringen um die besten Bilder und Geschichten ja genau das, was *Sternflüstern** letztlich ausmacht. Vom *Sternflüstern**-Team geht eine erstaunliche Energie aus, viel Talent und Willenskraft kommen da zusammen. 25 Leute machen *Sternflüstern** zwischen Jamal, Warschau und Mainz; neun sind immer am Drehort: Regisseur Bernd Reufels, Kameramann Lars Hauck und sein Team Charlotte Hoffmann (2. Kamera), Jacek Kozlowski (Technik) und Kai Gusovius (Ton), die stellvertretende Produzentin Lena Petlarskaja und Aufnahmeleiter Pavel Rybariev, Produktionsassistentin Oxana Ewdokimowa und abwechselnd im Dreiwochenrhythmus die beiden Cutterinnen Heike Haedecke und Miriam Weinandi.

Regisseur Bernd Reufels erzählt in diesem Buch die Geschichte des zweiten *Sternflüstern**. Wie wichtig war es für alle Macher, einen Ort zu finden, an dem Sibirien sich so anders zeigt, dass wir eine ganz neue Geschichte erzählen können! Undenkbar, dass die Rabes und die Studtes zum Melkwettbewerb mit Möchels und Klapproths hätten antreten müssen! Ich weiß noch gut, wie Bernd, Lars, Lena und unser polnischer Produzent Stanislaw Krzeminski von der Recherche-Reise auf Jamal zurückkehrten: begeistert über dieses völlig andere Sibirien und beseelt von der Magie der Tundra. Dass dieses auch für uns alle so außergewöhnliche Projekt uns auf geheimnisvolle Weise eng zusammengeschmiedet hat, merken wir seither immer wieder: Es gibt eine besondere Energie, die uns zwischen Jamal, Warschau und Mainz verbindet. Und die wir auch brauchen, um diese Aufgabe zu schaffen.

In Warschau steuert Stanislaw Krzeminski zusammen mit seiner Produktionsleiterin Anna Kepinska und Anita Heigelmann die komplexe Technik, Logistik und nicht zuletzt Diplomatie des *Sternflüstern**-Unternehmens – es ist bei weitem nicht ihr erstes großes Filmprojekt jenseits des Urals, aber definitiv das abenteuerlichste und unberechenbarste! Sie sind immer im Austausch mit den Produktionsleuten im ZDF: Sonja Wangemann und Marlies Schwab, und ZDF-Produktionsleiter Donald Jenichen, dem das ganze Projekt von seinen allerersten Anfängen an viel verdankt. Und mit dem kleinen Redaktionsteam im ZDF: der Redakteurin Katrin Schöne und den beiden Assistentinnen Gabi Giehl und Olga Pessina. Für uns ist eine der besonderen Herausforderungen auch der Zeitdruck: Noch während gedreht wird, müssen schon Pressearbeit und Kommunikation stimmen, gleichzeitig schneiden die Cutterinnen bei »Montage+« die Folgen fertig, und »Klangraum«, drei Mainzer Musiker, komponie-

Das *Sternflüstern-Team: Charlotte Hoffmann, Heike Haedecke, Oxana Ewdokimowa, Kai Gusovius (untere Reihe), Susanne Becker, Bernd Reufels, Lars Hauck, Jacek Kozlowski, Lena Petlarskaja, Pavel Rybarev (obere Reihe)**

ren den Soundtrack. Die Online-Kollegen Michael Büsselberg und Bastienne Hamann sorgen dafür, dass die *Sternflüstern**-Fans schnell auf ihre Kosten kommen, und informieren auf unserer Website www.sternfluestern.zdf.de über die Dreharbeiten und sibirische Hintergründe.

Keiner von uns ist je im sibirischen Norden gewesen, in diesem Sinne erleben wir die Annäherung an diese extreme Welt mit den beiden deutschen Familien zusammen – ausgenommen Lena Petlarskaja und Stanislaw Krzeminski, die bereits 1991 in Workuta, wenige Tage nach der Öffnung der Stadt, und 2000 auf Jamal große Dokumentationen für Arte und das ZDF drehten. Dazwischen liegt der politische und wirtschaftliche Aufbruch eines riesigen Landes. Wie dramatisch sich ganz Russland im Umbruch befindet, spiegeln sogar diese verlorensten Ränder Sibiriens. Wie schnell sich Jamal wandelt, ist in allen Kapiteln dieses Buches spürbar. Und wie *Sternflüstern** so auch Chronik einer Zeitenwende wird, lässt Stanislaw Krzeminski ahnen, in seinem Essay »Angst und Hoffnung«.

Anfang des Jahres 2004 zeigte das ZDF das erste *Sternflüstern**-Abenteuer, zum Jahresende kommt nun die Fortsetzung. In vier Dokumentationen, jede 45 Minuten lang, erzählen wir die Sibirien-Abenteuer der Familien Rabe und Studte jenseits des Polarkreises. Ihre Tagebücher führen die Geschichten noch einmal weiter. Schon sind sie in der Tundra mit Kyrills Clan und Hunderten von Rentieren unterwegs. Aber in den kommenden Wochen können die Temperaturen unter 40 °C sinken, kommt spürbar die Polarnacht. Ihre Aufzeichnungen erzählen die Erlebnisse bis Ende Oktober. Ihr Kampf gegen die Kälte hat gerade erst begonnen.

BERND REUFELS

Sternflüstern* zum Zweiten!

Was fasziniert eigentlich so an Sibirien, dass sich Hunderte Familien bewerben, um einen harten Alltag in eisiger Kälte kennen zu lernen? Schwer zu sagen. Würden sich ebenso viele melden, wenn es um das Alaska-Abenteuer gehen würde? Vermutlich nicht. Offenbar verbinden wir mit Russland und vor allem mit Sibirien sehr viele Bilder und Emotionen. Verzweiflung und Verheißung liegen hier nah beieinander. Wir denken an den *Archipel Gulag*, den Alexander Solschenizyn so eindringlich beschrieben hat. Stacheldraht und Baracken. Gefangene, die in beißender Kälte zur Arbeit getrieben werden. Menschen, die für ein vermeintliches Vergehen 25 Jahre und länger in einer Eis-Hölle schuften mussten.
Dann sind da natürlich Filme wie *Doktor Schiwago*, die offenbar eine ganze Generation geprägt haben. Weite Schneelandschaften, Schlitten mit zarten Mädchen in Pelzmänteln, entschlossene Männer mit buschigen Schnurrbärten. Große Gefühle in einem noch größeren Land. Und natürlich kennen viele die Reportagen von Dirk Sager, Klaus Bednarz und Gerd Ruge: faszinierende Landschaften und Menschen, die trotz widriger Umstände die Hoffnung nicht aufgeben.

Knapp sechs Millionen Zuschauer sahen die ersten vier *Sternflüstern**-Folgen. Ein Marktforschungsinstitut startete daraufhin eine Umfrage. Warum waren die Menschen von dieser Doku-Serie so fasziniert? Genannt wurden die großartigen Landschaftsaufnahmen des Baikals, die spannenden Erfahrungen der Familien und das Interesse an Sibirien überhaupt. Aber worauf sich die Sibirien-Sehnsucht der Deutschen gründet, konnte auch die Umfrage nicht erklären.
Über 400 Familien hatten sich auf unseren zweiten Aufruf für *Sternflüstern** gemeldet. Viele sind noch nie in Russland gewesen, und nur wenige konnten die Sprache. Im Casting fragten wir erneut nach: Warum ausgerechnet Sibirien?
Die unendliche Weite und das ursprüngliche Leben waren immer wiederkehrende Erklärungsversuche. Doch zufrieden war mit dieser Beschreibung niemand. Offenbar vermischen sich das Wissen um die Historie, die Filmbilder und die Emotionen zu einem undurchdringlichen Ganzen.
Und vielleicht macht ja gerade das den Mythos Sibirien aus: dass er nicht so einfach entschlüsselt werden kann, dass er für uns letztlich immer auch ein Geheimnis bleiben wird.

Neuer Aufbruch Gleich nachdem die erste *Sternflüstern**-Staffel gelaufen war, kamen im ZDF die ersten Gedanken auf, dass wir vielleicht schon bald wieder nach Sibirien gehen würden. Eine Aussicht, die mich ehrlich gesagt nicht besonders begeisterte. Meine eineinhalbjährige Tochter Lili war davongerannt, als ich nach langer Zeit in Sibirien erstmals wieder zur Tür hereinkam. Eine doppelte Überraschung, da sie noch nicht laufen konnte, als ich sie das letzte Mal gesehen hatte. Aber da war auch die Sorge, dass wir uns mit der neuen Serie wiederholen könnten. Mit zwei Familien noch einmal all das »durchzuspielen«, schien mir nicht erstrebenswert. Wie-

Regisseur Bernd Reufels: »Hier oben im Norden halten alle Menschen zusammen, das imponiert mir sehr.«

der Kühe melken, wieder Holz hacken – wir würden uns zu Tode langweilen. Ein so aufwendiges Projekt verlangt aber, dass alle Beteiligten mit Herz und Verstand bei der Arbeit sind. Und das funktioniert nur, wenn die Geschichten faszinieren. Wenn man neue Erfahrungen machen kann, wenn neue Bilder für die Kamera entdeckt werden müssen. Nichts ist gefährlicher als eine routinierte Arbeit.

Produzent Stanislaw Krzeminski brachte dann neue Orte ins Gespräch und neue Geschichten. Es keimte wieder Interesse auf. Hoch in den Norden, hinter den Polarkreis. Mit Nomaden und ihren Rentieren durch die Tundra ziehen. Das versprach starke Bilder und spannende Geschichten. Und schon bald war klar: Wir würden es wieder wagen. Mit den Erfah-

rungen aus dem letzten Dreh und ganz neuen Herausforderungen.
Im Juni 2004 starten wir zu einer Recherchereise, um uns die Orte anzusehen, die unsere russische Aufnahmeleiterin Lena Petlarskaja in wochenlanger Vorarbeit ausgewählt hat. Eine neue Welt tut sich auf. Und mir wird wieder einmal klar, wie vielfältig und letztlich unergründlich dieses Land ist.

Sibirische Flüge Verloren in der Tundra liegen die einzelnen Siedlungen, die wir auf unserer Reise besuchen. Keine Straßen verbinden die Orte miteinander. Ende Juni, wenn das Eis auf dem Ob geschmolzen ist, ziehen Lastkähne in den Norden, um in drei Monaten die Siedlungen mit allem zu versorgen, was sie für die lange Winterzeit brauchen.
Große Lasten können nur jetzt transportiert werden. Die Tanklager werden aufgefüllt. Benzinvorräte sind die Lebensversicherung für die Menschen. Der Brennstoff sorgt für Strom und Wärme. Da die Schiffe aber lange unterwegs sind zu Siedlungen, die oft Hunderte von Kilometern auseinander liegen, reisen viele Menschen mit dem Hubschrauber.
Der Hubschrauber ist der Autobus des nördlichen Sibiriens. Von der regionalen Hauptstadt Salechard aus starten täglich große MI-8-Helikopter, die Reisende zu den Siedlungen bringen, die mitten in der sumpfigen Tundra von der Welt abgeschnitten liegen. Die MI-8 sind mit einfachen Pritschen ausgestattet und wie im Bus schnallt sich keiner an. Die Reisenden starren gelangweilt vor sich hin. Der Blick aus dem Fenster ist flüchtig – als führen die Passagiere durch eine Stadt, in der sie jedes Haus schon unzählige Male gesehen hätten.
Die Maschinen selbst machen den Eindruck alter Verkehrsbusse. Robust, durch den jahrelangen täglichen Einsatz aber

ziemlich mitgenommen. Auf einem Flug bemerke ich, dass es in die Maschine hineinregnet. Sowohl im Passagierraum tropft es von der Decke als auch – und das beunruhigt mich dann doch – im Cockpit. Die Besatzung scheint das nicht weiter zu stören. Für solche Fälle haben sie einen Eimer an Bord, der lässig unter die Instrumente geschoben wird.
Hubschrauber ersetzen auch den Schulbus. Jedes Jahr gegen Ende August fliegt ein MI-8 über die Jamal-Region. Auf einer Fläche von knapp 100 000 km^2 leben gerade einmal 15 000 Menschen. Zwei Drittel wohnen in den wenigen Siedlungen, etwa 5000 sind als Nomaden unterwegs. Seit sowjetischen Zeiten gilt die Schulpflicht auch für die Kinder der einheimischen Nomaden, den Nenzen. Sie werden aus der Tundra in die Internate der Siedlungen geholt, damit sie Russisch lernen und eine allgemeine Schulbildung bekommen.
Ein Nenze an Bord des MI-8 gibt dem Navigator die Richtung vor. Sieht die Mannschaft Zelte aus der Luft, wird gelandet. Die Kinder steigen zu, und die Nomaden geben Hinweise, wo die nächsten Zelte stehen könnten.
Wir sitzen bei einem der letzten Flüge an Bord. Es sollte ein unvergessliches Erlebnis werden. Nachdem wir fast eine Stunde über eine menschenleere Tundra geflogen sind, sehen wir sieben Zelte und unzählige Rentiere. Sümpfe, Flüsse und Seen ringsum. Nur mit dem Hubschrauber gelangt man zu dieser Zeit in dieses Gebiet. Erst in einigen Wochen macht der Frost die Gegend auch für Schlitten zugänglich. Neugierig blicken Nenzen in Fellmänteln zum Hubschrauber her. Sobald wir gelandet sind, kommen sie heran. Fröhlich über den Besuch, lassen sie uns gerne filmen.
Meist teilen sich zwei Familien ein Zelt, ein *tschum*. In der Mitte ein Ofen, der mit Holz beheizt wird. Da in der Tundra keine Bäume wachsen, muss mühsam Wurzelholz von Bü-

schen herbeigeschafft werden. Auf dem Ofen wird auch gekocht. Als Trinkwasser dient das Wasser aus einem kleinen See. Bis zu zwölf Leute leben in einem Zelt. Es gibt keine Stühle – man hockt sich auf die Holzplanken am Boden oder legt sich auf die weichen Rentierfelle. Die Nenzen bieten uns Tee an. Alle sprechen Russisch, da sie selbst früher im Internat waren.

Schnell wird ein Rentier mit dem Lasso eingefangen. Zwei Frauen schlingen das Seil um den Hals des Tieres und ziehen die Schlinge zu. Dabei drehen sie sich gen Osten. Das sterbende Tier soll in die aufgehende Sonne schauen, erklären sie uns. Kurz fasst eine Frau ins Auge des Rentiers, um zu sehen, ob das Lid noch reflexhaft geschlossen wird. Schon nach kurzer Zeit ist das Tier tot. Im Nu wird die Haut abgezogen, die Bauchdecke geöffnet.

Die Nenzen versammeln sich um das Tier und auch die Hubschrauber-Mannschaft ist hinzugekommen. Ein Mädchen schneidet schnell die Leber aus dem dampfenden Leib. Das bluttriefende Stück Fleisch führt sie zum Mund, beißt hinein und schneidet es mit dem Messer kurz vor den Zähnen ab. An den blutverschmierten Händen des Mädchens fallen die sauber manikürten Fingernägel auf. Sie hat sich schon schick gemacht für die Schule und das Leben in der Siedlung. Auch die übrigen Nenzen beginnen jetzt das Rentier roh zu verzehren. Das Blut des Tieres hat sich in der Bauchhöhle gesammelt. Eine Tasse geht herum. Sie trinken das warme Blut. Es gebe nichts Gesünderes, erklären sie uns. In der Tundra müsse man nun mal ohne Früchte und Gemüse auskommen. Sie könnten hier nur von ihren Herden leben, und die einzige Möglichkeit, alle nötigen Vitamine zu bekommen, sei, das frische Blut und das rohe Fleisch der Rentiere zu verzehren.

Die Hubschrauber-Mannschaft kennt das offenbar. Die Russen amüsieren sich über unser Entsetzen. Sie nehmen von dem rohen Fleisch, tunken es in Salz und essen es ebenfalls genüsslich. Auch ich probiere ein Stück, das mir ein Nenze anbietet. Das Salz lässt keinen eigenen Geschmack aufkommen, das Fleisch ist sehr zart. Den Becher mit Blut lehne ich jedoch dankend ab.

Fünf Mädchen packen ihre Schulsachen zusammen. Große mit Fell bespannte Schlitten verbergen moderne Markenrucksäcke. Rosa Schreib-Etuis kommen zutage. Die Mädchen haben die Fellmäntel längst abgestreift und bunte Jacken angezogen. Eine kurze Umarmung, dann geht es in den Hubschrauber. Für die nächsten acht Monate werden sie im Inter-

Das Eis auf dem Ob, der Lebensader in diesem Teil Sibiriens, schmilzt erst Ende Juni.

nat in Jar-Sale leben. Erst im Mai wird der Hubschrauber sie wieder zu den Eltern bringen.
Wie die fünf da so im Hubschrauber sitzen mit ihren Jacken und Schultaschen, könnte man sie für ganz gewöhnliche Mädchen halten. Plötzlich sind sie Teil einer globalisierten Welt, mit ihren Nike-Mützen, ihren Harry-Potter-Schulheften und dem goldglänzenden Nagellack. Nur ein kleiner Fleck geronnenen Blutes über der Oberlippe verrät etwas von der fernen, fremden Welt, aus der sie kommen.

Lernen fürs Leben Gerade für die kleinen Kinder muss das neue Leben im Internat ein Schock sein. Sie kommen aus der Tundra, wo sie über Jahre hinweg ungezwungen bei ihren Eltern wohnen, wo es keine strengen Regeln gibt. Das Klima und die Natur geben die Bedingungen vor, nach denen der Mensch sich hier zu richten hat. In den Internaten sind es die Erzieher, die Normen setzen. Kinder, die noch nie ein Haus gesehen haben und die häufig nicht einmal Russisch können, sollen plötzlich pünktlich aufstehen, sich still in eine Schulbank setzen und abends zu einer festen Zeit einschlafen.
Wir haben gesehen, wie Kinder in den Zelten aufwachsen. Morgens wird die Familie irgendwann wach. Natürlich gibt hier kein Wecker die Zeit vor. Alle frühstücken gemeinsam, dann toben die Kinder draußen durch die Tundra. Sie helfen Brennholz zu finden oder sammeln Beeren.
In der ganzen Zeit, die wir mit den Nenzen verbracht haben, habe ich keine weinenden Kinder bemerkt. Sicherlich waren die Kleinen ein hartes Leben gewohnt – gleichzeitig schienen sie aber auch diese Freiheit zu genießen.
Sie hatten ihre Spielsachen selbst gemacht. Was für uns ein Puppenhaus ist, ist für Nenzenkinder ein kleines Zelt aus

Holzstäben und Rentierleder. Kleine Lederfiguren mit Entenschnäbeln ersetzen die Barbie-Puppen. Aus Holz geschnitzte Pfeile lassen sich mit einer einfachen Schleuder in die Luft schießen. Die Eltern lassen die Kinder spielen und umhertollen. Wie fremd muss einem Kind die Welt des Internats sein!

Der erste Eindruck des Internats: ein großer Neubau, durchweg in weiß und hellen Tönen gehalten, geflieste Böden, kahle Wände, Neonlicht. Nichts, woran das Auge sich wärmen könnte. Große Zimmer mit acht oder sogar sechzehn Betten. An den Wänden keine Poster von Popgruppen oder selbst gemalte Bilder der Kinder. Weiße Wände – und nur ein Schrank für 16 Mädchen. Es sind keine persönlichen Sachen zu sehen, keine Fotos der Familie, gar nichts.

Das Leben hier ist streng reglementiert. Morgens um halb sieben aufstehen. In Zweierreihen marschieren die Kinder über die Straße zur Kantine. In einem riesigen Raum essen knapp 200 Kinder gleichzeitig. Doch nicht alle Schüler haben hier Platz. Vor der Tür drängen sich Kinderschlangen. Sie alle warten auf die knappe Mahlzeit. Nach zehn Minuten ist das Frühstück hinuntergeschlungen, die Nächsten warten schließlich schon.

In Zweierreihen zur Schule – von dort später wieder zur Kantine und zum Internat. Den ganzen Tag über sieht man die Reihen der Kinder durch die Siedlung ziehen. Vorne und hinten eine Erzieherin mit roter Fahne. Die Kinder können nicht einfach laufen, wie sie wollen – sie haben sich an die Ordnung zu halten, in vorgegebener Geschwindigkeit zu gehen. Auch der Schulunterricht ist streng reglementiert. Wenn der Lehrer den Raum betritt, stehen die Schüler auf, während des Unterrichts herrscht Ruhe. Im Internat geht der Drill weiter. Die Betten müssen gemacht sein, die Zimmer gefegt, die

Zähne geputzt. Alles folgt einem festen Zeitplan. Zum Spielen ist da nicht viel Luft. Abends um acht liegen alle in den Betten.
Was mag es für ein sechs Jahre altes Kind bedeuten, wenn es aus den Weiten der Tundra in ein kleines weißes Zimmer gesteckt wird? Wenn plötzlich die völlige Unterordnung unter unverständliche Regeln verlangt wird. Die Erzieherinnen stöhnen über die »schwierigen« Kleinen, die kein Russisch verstehen, unsauber sind und einfach nicht hören wollen. Die Tundra-Kinder weinen viel, heißt es – und man kann sich gut vorstellen, warum. Acht Monate von zu Hause weg zu sein, muss den Kleinen wie eine Ewigkeit vorkommen. Und wie soll ein Kind in einer Gruppe mit 50 anderen von der Erzieherin ein wenig Aufmerksamkeit und Wärme bekommen? Sicher eröffnet die Schule den Kindern viele Möglichkeiten. Natürlich schaffen es einige, an den Universitäten in Tjumen, Moskau oder Petersburg zu studieren. Und trotzdem frage ich mich in den kalten, weißen Fluren des Internats, ob die Kinder in der Tundra nicht genauso viel lernen würden. Wie man in widriger Natur und bei kältesten Temperaturen überlebt. Die Erfahrungen und Traditionen der Nomaden sind einzigartig. Was gibt uns die Gewissheit, dass Schulbildung und ein »zivilisiertes« Leben für diese Kinder das Richtige sind?

Drehort Jar-Sale Nach unserer Recherchereise durch verschiedene Siedlungen der Jamal-Halbinsel entschieden wir uns für den Ort Jar-Sale. Eine Wahl, die uns nicht leicht fiel. Der Ort sieht nicht gerade typisch »russisch« aus und ist mit knapp 6000 Einwohnern ziemlich groß. Geld, das durch Öl und Gas in der Region verdient wird, fließt seit kurzem auch in die öffentlichen Strukturen. Es wird viel gebaut – der Lebensstandard ist deutlich höher als am Baikalsee. Aber es hat

Die Spielsachen der Nenzenkinder: ein kleines Zelt aus Holzstäben und Rentierleder, Lederfiguren mit Entenschnäbeln

auch seinen Reiz, ein Russland zu zeigen, das wirtschaftlich langsam erstarkt. Vor allem in Moskau ist der Aufschwung zu merken. Das Land ist längst nicht mehr nur von Armut und Zerfall geprägt. Und es sind nicht mehr nur einige wenige Oligarchen, die von der Marktwirtschaft profitieren – der breiten Masse geht es inzwischen besser als noch vor zehn oder fünfzehn Jahren.

Jar-Sale spiegelt dieses moderne Russland wider: Alt und Neu existieren nebeneinander. Das Leben unserer Familien würde die Vielfalt des Ortes vorführen: Erik Studte, der in der alten Kolchose arbeitet, die Kinder, die in eine moderne Schule gehen, Karl Rabe, der mit modernen Geräten in einem alten Krankenhaus Patienten untersucht. Die Lebenssituation der Familien sollte dem Durchschnitt entsprechen: einfache Wohnungen in unrenovierten Mehrfamilienhäusern. Die

Menschen können hier aufgrund des Klimas nichts im Garten anbauen. Auch Tiere hält hier niemand. Damit ist die Grundsituation gänzlich anders als bei unserer ersten *Sternflüstern**-Staffel.
Besonders reizte uns der Ort Jar-Sale auch, weil wir hier Kyrill kennen lernten. Ein junger Nenze, der sich aufgeschlossen für unser Projekt zeigte und eine Menge Ideen und Kontakte einbringen konnte. Gerade hatte er eine Art Aktiengesellschaft der Rentierzüchter und Fischer geschaffen. Darin schlossen sich verschiedene Nomadengruppen zusammen, um gemeinsam Fisch und Fleisch zu vermarkten. Kyrill hatte daher hervorragende Kontakte im gesamten Umkreis.
Unsere Geschichten sollten sowohl das Leben in der Siedlung zeigen als auch das Leben der Nomaden in der Tundra. Und gerade dieser Wechsel zwischen einem relativ zivilisierten Leben in Jar-Sale und dem harten, einfachen Leben in den *tschumy* machte für uns den Reiz der Geschichte aus. Mit einem Mann wie Kyrill – intelligent, pragmatisch, aufgeschlossen – würden wir flexibel auf die verschiedenen Entwicklungen unserer Geschichte eingehen können. Auch dies ein völlig anderer Ansatz als bei unserem Baikal-Dreh. Dort waren wir in Chuschir fest an einem Ort. Diesmal sollte die Siedlung nur die Basis sein und Ausgangspunkt zu ganz unterschiedlichen Abenteuern in der Region.
Jar-Sale bot dafür auch die entsprechende Infrastruktur. In anderen Orten konnten wir aufgrund der allgemeinen Wohnungsnot nur mit Mühe Unterkünfte für die Familien finden – das Filmteam aber mit der gesamten Ausrüstung unterzubringen, erwies sich als geradezu unmöglich. Zudem war es in Jar-Sale möglich, Boote und Autos zu mieten. Viele Gründe sprachen also dafür, eine Siedlung zu wählen, die rein vom filmischen Standpunkt nicht unbedingt die »schönste« war.

Später sollte sich dann aber noch zeigen, dass Jar-Sale in den verschiedenen Lichtstimmungen durchaus einen eigenen ästhetischen Reiz gewinnen konnte.
Die Menschen in Jar-Sale sind zu Recht stolz auf ihre Siedlung. Es gibt Straßen, während sich in anderen Gegenden Fahrzeuge durch Schlamm quälen. Krankenhaus und Schule sind modern ausgestattet – in den Geschäften ist praktisch alles zu haben. Die meisten haben eine geregelte Arbeit und genießen einen bescheidenen Wohlstand.
»Die Menschen im Norden Sibiriens sind anders als im übrigen Russland«, erklärt uns Bürgermeisterin Marina Galanina schon gleich bei unserer Vorbesichtigung in Jar-Sale. Weil man hier oben nur überleben könne mit harter Arbeit. Und Frau Galanina geht mit gutem Beispiel voran. Morgens um acht sitzt sie schon im Büro und erzählt uns, dass sie letzte Nacht erst um zwei nach Hause ging. Jetzt im Sommer sei keine Zeit zu verlieren, meint sie. Nun muss alles für den Winter geplant und vorbereitet werden.
Was jetzt nicht geschafft wird, bleibt in den Monaten der Kälte liegen. Die Güter, die jetzt nicht geliefert werden, können erst wieder im nächsten Jahr kommen. Man darf nichts vergessen, man darf sich nicht hinhalten lassen, man muss die Zeit nutzen. »Wir können hier nicht überleben, wenn wir alles nur auf uns zukommen lassen«, stellt die Bürgermeisterin fest. Und mit dieser Überzeugung führt sie in der Siedlung ein strenges Regiment.
Ein Bauunternehmer schaut kurz rein, spricht von Verzögerungen und Transportproblemen. Sie will das alles gar nicht hören. »Wenn Sie das nicht hinkriegen, macht es ein anderer«, fertigt sie ihn ab. Dann lächelt sie ein bisschen und sagt: »Wir haben hier keine Zeit für Gefühle. Wenn ich nachts zu meiner Familie nach Hause komme und meine kleine Toch-

ter sagt: Mama, ich liebe dich, dann antworte ich nur: Ich weiß!«

Da in der Nähe von Jar-Sale Erdgasvorkommen liegen, die in naher Zukunft ausgebeutet werden sollen, erhält der Ort von dem Gasriesen Gasprom und von der Regionalverwaltung recht viel Geld. Und das verleiht der Bürgermeisterin Macht. Zuerst ließ die Stadt eine neue Schule bauen, ein neues Internat, dann ein Krankenhaus. Frau Galanina hat eine klare Vorstellung davon, wie das Leben in Jar-Sale in fünf Jahren aussehen soll: Die Menschen leben in sanierten Wohnungen und arbeiten viel – alles ist wohlorganisiert und gegen jedes Problem weiß die Verwaltung Rat.

Es ist ein bisschen so, als werde hier immer noch Kommunismus praktiziert – nur eben mit viel Geld. Die Verwaltung

Jar-Sale: Erdgasvorkommen bringen dem Ort wirtschaftliche Veränderungen. Hier lebten die Familien Rabe und Studte.

macht die Pläne, private Initiativen werden weder erwartet noch besonders gefördert. In den Amtsräumen hängen Bilder des Präsidenten. In einem der Geschäfte kann man sogar einen Putin-Teppich kaufen. So etwas habe es seit Stalin nicht mehr gegeben, erklären mir Russen. Am »Tag des Lehrers« führen Schüler in der Aula Tänze auf, halten Ansprachen und singen Lieder. »Wir lieben Putin«, schmettert da ein Kinderchor ins Publikum, und niemand staunt.

Das neue Russland hat sich in den letzten Jahren nicht nur ökonomisch verändert, sondern ganz entscheidend auch politisch. Demokratische Strukturen weichen autoritären. Und dabei wird häufig auf sowjetische Vorbilder zurückgegriffen. In den Neunzigern sind viele Menschen nicht nur durch die wirtschaftlichen Veränderungen zutiefst verunsichert worden. Dass plötzlich öffentlich Kritik geübt werden durfte, dass auf einmal alles hinterfragt wurde, was Generationen geprägt hatte – das weckte bei vielen eine grundlegende Skepsis gegenüber der Demokratie. Nicht wenige riefen damals nach einem starken Staat, sehnten sich zurück nach Breschnews Zeiten. Diese Gefühlslage breiter Schichten hat es Putin leicht gemacht, sein Präsidentenamt mit immer mehr Macht auszustatten.

Auch in Jar-Sale sind diese Veränderungen zu spüren. Sie spiegeln sich in der Grundüberzeugung, dass die Verwaltung für alles zuständig ist und dass Probleme nicht ohne staatliche Intervention gelöst werden können. Der Alkoholismus im Ort wird bekämpft mit Entziehungskuren und Beschäftigungsprogrammen. »Wer arbeitet, trinkt nicht«, erklärt Frau Galanina zum Abschied und fügt hinzu, dass sie ausschließlich Wasser ohne Kohlensäure zu sich nehme. Dann macht sie eine kurze Pause und schmunzelt: »Falls ich mit meinem Mann doch mal ein Bier trinken will, schließe ich vorher die

Fenster und ziehe die Vorhänge zu. Dann verkriechen wir uns unter den Tisch, damit uns wirklich keiner sieht.«

Casting Wäschekörbe stapelten sich in den Räumen der *Sternflüstern**-Redaktion. Obwohl wir nur einige wenige Aufrufe im ZDF gesendet hatten, war das Interesse gewaltig. Über 400 Familien bewarben sich. Es war äußerst spannend, die Unterlagen zu wälzen und unterschiedliche Kandidaten zu diskutieren. Einerseits wollten wir nicht die russlanderfahrenen Überlebenskünstler – für die wäre das alles nichts Neues und keine Herausforderung gewesen. Andererseits wollten wir auch keine Familie, die mit falschen Vorstellungen losziehen und nach wenigen Tagen wieder nach Hause reisen würde.
Rund 20 Familien besuchten wir zu Hause. Um sie im privaten Umfeld kennen zu lernen und um zu sehen, wie sie sich vor der Kamera verhalten. Viel lässt sich beim gemeinsamen Essen der Familie erkennen. Wie gehen die Eltern mit den Kindern um? Wird beim Essen gesprochen? Wenn ja, worüber?
Das wichtigste Kriterium war aber letztlich, dass sowohl Familie Studte als auch Familie Rabe uns spontan sehr sympathisch waren. Da sprang gleich ein Funke über. Es waren Menschen, für die wir uns aufrichtig interessierten, und wir konnten uns gut vorstellen, mit ihnen drei Monate zu verbringen. An Familie Rabe faszinierte uns außerdem die interessante Konstellation, dass Katrin hervorragend russisch spricht und daher viele spannende Menschen kennen lernen würde. Der Rest der Familie war nicht so russlanderfahren. Hier waren viele spontane Reaktionen zu erwarten. Zumal die Kinder nicht gerade in Begeisterungsstürme ausgebrochen waren, als die Eltern ihre Pläne mitgeteilt hatten. Das konnte durchaus

zu interessanten Konflikten führen – vom dramaturgischen Standpunkt aus gesehen. Begeistert hat uns auch, dass die fünf Kinder so ganz unterschiedliche Charaktere sind. Insgesamt waren wir also überzeugt, eine sympathische, aktive Familie gefunden zu haben, die für vielfältige spannende Geschichten sorgen würde. Dass wir mit Karl Rabe dann auch noch einen erfahrenen Arzt vor Ort haben würden, war natürlich ein positiver Nebenaspekt.
Auch Familie Studte gehörte für uns schnell zu den Favoriten. Mit ihrer offenen und herzlichen Art würden sie sich trotz Sprachschwierigkeiten zurechtfinden können. Sie haben die Erfahrung im Umgang mit Tieren und würden daher zu den Nomaden einen ganz eigenen Zugang finden können. Tochter Jana beeindruckte uns sofort mit ihrer unglaublich natürlichen Ausstrahlung. Wir waren uns sicher, dass sie problemlos andere Kinder kennen lernen würde. Zumal sie sich auf das Abenteuer sehr freute und keinerlei Angst vor Strapazen kannte.

Dreharbeiten Regiearbeit in einer solchen Doku-Serie bedeutet einerseits die »Inszenierung« eines dramatischen Moments. Natürlich ist der Augenblick wichtig, in dem Familie Rabe zum ersten Mal ein *tschum* betritt. Es ist eine völlig neue Welt. Wie werden sie sich verhalten? Eine solche Ankunft muss dramatisch gestaltet werden. Eine Kranfahrt entdeckt mit der Familie das Zelt in den Weiten der Tundra. Der subjektive Blick durch das Zelt endet bei einer alten Nenzin, die direkt in die Kamera schaut. So wird die Situation im besten Falle für den Zuschauer erlebbar.
Andererseits muss aber auch die langfristige Dramaturgie bedacht werden. Es bringt nichts, sich jeden Tag von morgens bis abends an die Fersen der Familien zu heften. Aus der Viel-

zahl der Ereignisse müssen in den vier Folgen richtige Geschichten entstehen. Die größte Herausforderung ist hier, das Potenzial eines Ereignisses möglichst früh zu erkennen. Manche Entwicklungen sind relativ leicht abzusehen. Der erste Schultag ist für alle Kinder schwierig. Man fühlt sich fremd und ohne Sprachkenntnisse fällt es noch schwerer, Kontakt zu finden. Aber es ist auch klar, dass nach einigen Tagen der Umgang mit den Klassenkameraden einfacher wird und vielleicht auch erste Freundschaften geschlossen werden. Die einfachste Form einer Geschichte ist hier also gegeben.

Komplizierter wird es, wenn ein Abenteuer ohne vorhersehbares Ende erzählt werden soll. So kann ein Aufenthalt in der Tundra auch recht langweilig sein. Welche Geschichte kann hier erzählt werden, damit es nicht nur eine Aufzählung der verschiedenen Tätigkeiten wird? Spannend erschien mir, dass Max Rabe von vornherein keine Lust auf Sibirien hatte und mit dieser Ablehnung auch gern kokettierte. Wenn Max nun in der Tundra vor Herausforderungen gestellt würde, bei denen er sich als »echter Mann« beweisen könnte, würde das seine Einstellung verändern? Ich ahnte, dass Kyrill für Max durchaus eine Respektsperson war – ein Mann, der sich in der Wildnis auskennt. Kyrill bestimmte also ausgerechnet Max zu seiner Begleitung beim Fischen und Jagen. Max ging mit und erstmals gestand er so etwas wie Begeisterung ein.

Wichtig ist es, die Möglichkeiten zu kennen: Welche Handlungen sind denkbar? Was kann man an diesem Ort theoretisch tun und was ist davon interessant? Schließlich wollen wir im Film auch möglichst viel von Sibirien und den Menschen hier kennen lernen. Gleichzeitig müssen aber die Familien natürlich auch die Freiheit haben, eigene Pläne zu verwirklichen.

Der Hafen von Jar-Sale: Hier starteten wir per Boot in die Tundra, mit einer filmtechnischen Ausrüstung von knapp 200 kg.

Die besten Ideen können dann aber immer noch an den sibirischen Realitäten scheitern. Wenn das Teamauto im Morast versinkt, das Motorboot auf halber Strecke plötzlich kein Benzin mehr hat oder der Hubschrauber wegen schlechten Wetters nicht fliegen kann.

Sekunden mit Geschichte Eine der größten Herausforderungen ist allein schon die Logistik unseres Drehs. Mit fast zwei Tonnen Gepäck sind wir nach Jar-Sale gekommen. Doch was es heißt, unsere Spezialausrüstung wie Dolly und Kamerakran einzusetzen, merkten wir, als wir uns auf den Weg in die Tundra machten. Die sperrigsten Teile flogen wir mit dem Hubschrauber zum Drehort. Doch nicht alles konnten wir in dem MI-8 mitnehmen. Die Schienen für den Dolly, die Gewichte

für den Kran und die Ausrüstung für den Dreh sollten in Booten ihr Ziel erreichen.
Zusammen mit Familie Rabe machten wir uns auf den Weg zu den Fischern in der Tundra. Einen kleinen Kutter beluden wir mit dem Gepäck. Die Dollyschienen ließen sich nicht unter Deck verstauen. Das bedeutete, dass sie uns im Bild stören würden. Der Kapitän regte sich dagegen über die schweren Gewichte auf. Immerhin knapp 200 Kilo, die in seinen Augen völlig überflüssig waren. Bei einem Arbeitsunfall im Eis hatte er beide Hände verloren. Mit seinen Armstümpfen gestikulierte er wild in der Luft. Erstaunlich geschickt konnte er jedoch die Taue einrollen und das Schiff steuern.
Schon nach der ersten Flussbiegung endete die Fahrt auf dem Kutter. Ein großes Frachtschiff war auf Grund gelaufen und blockierte den ganzen Kanal. Es blieb nur eine Lösung: Alles Gepäck musste auf den Frachter umgeladen werden – erneut wanderten Dollyschienen und Krangewichte von Hand zu Hand. Rabes packten wie immer gleich mit an – und irgendwie waren wir ganz froh, so eine große Familie mit 14 Händen dabeizuhaben. Gegen ein entsprechendes Fährgeld erklärte der Kapitän des Frachters sich bereit, uns einen Großteil des Weges mitzunehmen.
Unser kleiner Kutter schaffte es tatsächlich, den Frachter wieder ins tiefere Fahrwasser zu schieben. Die Mannschaft war erfreut über die Abwechslung und lud uns alle zum Essen ein. Bei einer Tasse Kaffee fragte mich der Kapitän über unser Gepäck aus. Warum diese Gewichte – und was für eine Bewandtnis hat es mit diesen Schienen? Ich erzählte von den Dreharbeiten. Als ich erwähnte, dass wir zwei deutsche Familien bei ihrem Leben in Sibirien begleiten, horchte er auf. Er hätte schon mal von so einer Geschichte gehört, meinte er. Ich schaute ihn skeptisch an. Letztes Jahr hätten

doch zwei deutsche Familien für sechs Monate am Baikalsee gelebt, stellte er fest. Damit hatte ich nicht gerechnet. Tatsächlich hatten damals verschiedene russische Sender über unsere Dreharbeiten berichtet. Und offenbar hatte der Kapitän eine dieser Sendungen gesehen. Was für ein Zufall! Als wir nach drei Stunden das Schiff verließen, schenkte er uns zum Abschied geräucherten Fisch und zwei russische Krimis mit Widmung.

Erneut mussten wir umladen. Diesmal in zwei kleine Motorboote und zwei so genannte *baidarki* – uralte Holzbötchen. Die Rabes stiegen zusammen mit Kameramann Lars Hauck und Assistent Kai Gusovius in eine *baidarka*. Schnell zeigte sich, dass die Boote nicht dicht waren. Wasser musste ständig mit einem Plastikbecher ausgeschöpft werden.

Aufnahmeleiter Pavel »Pascha« Rybarev und ich gingen mit dem größten Teil des Gepäcks in das zweite Holzboot. Die Motorboote mussten unsere zwei Benzinfässer übernehmen. Der Sprit war für den Generator gedacht, der bereits vor Ort stand und den wir zum Laden der Kamera-Akkus brauchten. Auch unser Boot leckte. Schlimmer aber war, dass wir durch das große Gewicht unseres Gepäcks tiefer lagen als gedacht. Schon nach 15 Minuten saßen wir auf einer Sandbank fest. Um nicht bei den Dreharbeiten unfreiwillig ins Bild zu geraten, waren wir mit großem Abstand als letztes Boot gefahren. Daher hatte auch niemand unser Missgeschick bemerkt. Mit den Rudern versuchten wir das Boot aus dem Sand zu drücken. Der Bootsführer, ein Nenze, zog sich seine Anglersachen über und stieg über Bord. Aber alle Anstrengungen nützten nichts. Am Ende gab auch der Motor seinen Geist auf.

Zwei Stunden hingen wir bereits auf der Sandbank fest. Es war knapp über null Grad und ein leichter Schneeregen setzte ein.

Die Stimmung war denkbar schlecht. Pascha und ich bestätigten uns regelmäßig, dass die anderen bald zu Hilfe kommen mussten. Mit dem Einbruch der Dunkelheit fürchteten wir jedoch, übersehen zu werden. Schließlich war der Ob an dieser Stelle so breit, dass man das andere Ufer nicht sichten konnte.

Weitere zwei Stunden später tauchte tatsächlich eines unserer Boote auf. Kyrill ließ sein Motorboot einige hundert Meter entfernt ankern und kam in Anglerhosen herüber. Auch zu viert war unser Boot nicht zu bewegen. Wir mussten Gewicht loswerden. Pascha und ich hatten keine wasserdichten Sachen, konnten also nicht einfach aussteigen. Kyrill trug uns ohne zu schnaufen nacheinander auf der Schulter durchs Wasser zum zweiten Boot. Ein Moment, in dem ich mir ernsthaft vornahm abzunehmen …

Es folgten die Gewichte für den Kran – doch immer noch war die Holzbarke nicht freizubekommen. Wir beschlossen, mit dem kleinen Boot schon einmal vorzufahren. Doch wir konnten gar nicht losfahren – wegen des großen Gewichts lagen wir bereits auf Grund. Hier entfuhr Kyrill erstmals ein Fluch. Lustigerweise ist ein gängiges Schimpfwort *blin* – das vielfältig verwendet wird und recht frei mit »Mist« übersetzt werden kann. Mit *blin* werden aber auch ganz offiziell unsere Gewichte bezeichnet. *Blin-blin* war also die treffende Bezeichnung für unsere Situation. Zwei Männer zogen von außen, Pascha und ich stakten mit den Rudern im Sand. So kamen wir langsam vorwärts. Irgendwann rotierte die Schraube nicht mehr nur im Sand, und wir erreichten tatsächlich das *tschum* der Fischer.

Als wir dann einige Tage später endlich den Kran zum Einsatz bringen wollten, spielte die Steuerung verrückt. Feuchtigkeit war in die Elektronik eingedrungen. Die Kamera dreh-

te sich um die eigene Achse, ohne dass man sie hätte stoppen können. Plötzlich schien der ganz Aufwand umsonst gewesen zu sein. Doch Jacek Kozlowski – im Team auch gern »der Zauberer« genannt – konnte das Steuerungsteil in einer Nachtschicht wieder herrichten.
Am nächsten Tag war es dann wirklich so weit: Die Kamera zog mit großer Leichtigkeit in erhabene Höhen, weitete den Horizont der Tundra hinter dem Nomadenzelt, gezogen von unseren Gewichten, die so einen langen Weg hinter sich hatten. Genau acht Sekunden sollte diese Einstellung später im Film dauern.

Teamarbeit Eine der schönsten Erfahrungen der Dreharbeiten war schon im letzten Jahr das Leben mit den anderen Teamkollegen. Man hatte uns schwere Krisen vorhergesagt, die dann jedoch ausblieben. Und so gab es diesmal eine große Sicherheit, zu wissen, dass wir in fast gleicher Besetzung würden arbeiten können. Zwangsläufig hat man in den drei Monaten vor Ort kaum Rückzugsmöglichkeiten. Die Arbeit geht immer vor. Es gibt keine geregelten Drehzeiten und schon gar keinen Anspruch auf Komfort. Wenn es der Film erfordert, wird bei Frost im Zelt geschlafen, im Heu auf dem Boden einer Holzhütte oder manchmal auch gar nicht. Ohne rückhaltlose Begeisterung für den Film ist das nicht denkbar. So verdankt die Serie ungeheuer viel dem Einsatz und Engagement derjenigen, die »da draußen« um die besten Bilder und Töne gekämpft haben.

Kyrill Saratetto: »Die Tundra ist für mich Freiheit in ihrer reinsten Form.«

STANISLAW KRZEMINSKI

Menschen des Nordens 1: Die weißen Hirsche

Es ist der 24. Juni 2004. Wir sind in der Siedlung Jar-Sale auf der Jamal-Halbinsel ... Die Vorbereitungen zu unserem zweiten Sibirien-Abenteuer *Sternflüstern** laufen auf Hochtouren. Mit zwei Booten fahren wir zum Fischen hinaus. Wir wollen selbst erleben, was in wenigen Monaten auf die beiden deutschen Familien zukommt, mit dem Unterschied, dass sie hier den Winter verbringen werden ...

Wir fahren hinaus in die magische Johannisnacht. In dieser Zeit geht hier – jenseits des Polarkreises – die Sonne nicht unter.

Am Ruder ist Kyrill Saratetto – ein Nenze und ein frisch gebackener Unternehmer aus Jar-Sale. Saratetto bedeutet in der Sprache der sibirischen Nenzen »Herr der weißen Hirsche«. Doch in der Schule und später im Militär nannten seine Freunde Kyrill »den Italiener«. Seinen Namen assoziierten seine Kollegen, die die Nenzenkultur nicht kannten, eindeutig mit dem sonnigen Süden, nicht mit der verschneiten Tundra jenseits des Polarkreises.

Gerade beginnt hier der kurze Sommer und es liegt nur sehr wenig Schnee. Kyrill raucht eine Zigarette nach der anderen und beobachtet aufmerksam das Wasser. Schweigend wählt er eine Stelle, wo die Netze gestellt werden sollen. Die Magie dieser Nacht öffnet Herzen ... Mitternacht, die rote Sonne hängt direkt über dem Horizont. Ich fühle, dies ist der richtige Augenblick, und frage ihn: »Woher weißt du eigentlich, wo das Netz zu stellen ist? Das Wasser ist doch überall gleich ...«

»Großvater«, antwortet Kyrill kurz. Dann, nach einem nachdenklichen Augenblick, erzählt dieser schweigsame Mann der Wildnis weiter. »Mein Großvater Hassowanja war der wichtigste Mensch in meinem Leben. In unserer Nenzensprache bedeutet sein Name ›jüngerer Bruder‹. Ich hatte keinen Vater, jedenfalls war er in meinem Leben nie präsent. Immer, wenn meine Schulkameraden nach ihm fragten, schlug ich gleich mit den Fäusten zu.«

Als das Netz plötzlich nach unten geht, schweigt Kyrill wieder – und zieht drei riesige Musunne heraus. Ich breche das Schweigen: »Er war für dich Vater und Großvater ... Bei mir war es ähnlich – nach dem Tod meines Vaters wuchs ich bei den Großeltern auf.«

Kyrill sieht mich aufmerksam an und setzt nach einem längeren Augenblick seine Erzählung fort: »Mein Großvater war der Anführer des ganzen Familienclans der Saratetto. Ein Leader, sozusagen. Meine Mutter sagte mir einmal, er wäre am Tag meiner Geburt, am 15. März, wo bei uns noch der bittere Winter herrscht, auf seinem Rentierschlitten aus der Tundra gekommen. Als er mich sah, soll er gesagt haben, ich wäre sein jüngster Sohn. Drei Tage später fuhr ich mit ihm und meiner Mutter in die Tundra ... Als Kind befuhr ich zusammen mit meinem Großvater diese Gewässer. Er brachte mir bei, wie man Fische von ›Nichtfischen‹ unterscheidet.«

Kyrill beugt sich zum Netz und holt einen weiteren Fisch heraus, befreit ihn und wirft ihn zurück ins Wasser. Auf meine

Verwunderung antwortet er mit einem Lachen. »Siehst du, man sieht gleich, dass du nicht bei deinem Großvater aufgewachsen bist ... Bei uns gilt ein Fisch nur dann als Fisch, wenn man ihn roh essen kann. In der Tundra kannst du nicht immer Feuer machen. Es genügt, wenn es in der Nähe keine Sträucher gibt, nicht einmal die kleinsten. Und nicht jeder Fisch lässt sich roh essen – die einen lösen Durchfall aus, die anderen sind schwer verdaulich, und noch andere schmecken einfach nicht. Mein Großvater brachte mir bei, wie man eine Höhle im Schnee gräbt, um darin die *purga*, den Schneesturm, zu überleben und danach sicher wieder zurück zum *tschum* zu finden. Später, als ich schon etwas älter war, zeigte er mir, wie man den Rentierkühen bei der Geburt hilft oder wie man ein Rentier tötet, damit es möglichst wenig leidet, wie man sein Fell, sein Fleisch, seine Innereien verarbeitet, damit nichts verdirbt. Er war es, der mir den ersten Krug mit

Kyrills Großvater zog mit seinen Lieblingshirschen durch die Tundra. Von ihm lernte der Junge die Traditionen der Nenzen.

Rentierblut reichte und sagte, es gäbe auf der Welt keine gesünderen Vitamine.«
Weitere Fische (die echten) springen im Netz. Wieder eine Pause in der Geschichte. Diesmal nimmt sie Kyrill jedoch, über die weiten Gewässer schauend, selbst wieder auf:
»Vor 14 Jahren, gegen Ende 1990, starb mein Großvater. Wie es unsere Tradition vorschreibt, bestatteten wir ihn auf unserem Familienfriedhof weit in der Tundra. Nur die Saratettos wissen, wo er liegt. Es ist für uns eine heilige Stätte, versteckt zwischen kurvenreichen Flüssen und Seen. Man muss genau wissen, wo man sicher durch die Sümpfe fahren kann. Sogar aus dem Hubschrauber erkennt man die Stelle kaum. Wir waren einige Tage lang unterwegs, bis wir an diesen Ort kamen. Großvaters Sarg wurde von seinen vier Lieblingshirschen gezogen. Von weißen Hirschen ... Den Sarg stellten wir, wie es auf den Nenzenfriedhöfen üblich ist, auf ein hölzernes Gerüst, damit die bösen Geister, die unter der Erde leben, ihm nach dem Tod nicht wehtun können. Danach opferten wir ihm seine vier weißen Hirsche ... Ihre Kadaver legten wir um den Sarg, damit Großvater in eine der vier Richtungen in seine neue Welt davonfahren kann.«
Nach einer weiteren Stunde sitzen wir am Feuer, essen schmale Streifen eines rohen Mussun. Diese Streifen werden hier *stroganina* genannt und mit etwas Salz und Pfeffer gewürzt (im Winter, wenn der Fisch gefroren ist, schmeckt er noch besser). Dazu trinken wir kalten, russischen Wodka. Kyrill wärmt sich mit starkem Tee. Auf die Frage in meinen Augen lächelt er und sagt nickend und mit warmer Ironie: »Wunderst du dich, dass ich nicht trinke? Stimmt, hier fällt es einem nicht leicht, aber ich bin schon seit fünf Jahren trocken ...«

Die Abenteuer der Familie Rabe aus Schleswig-Holstein

T*agebuch Karl Rabe – Vorspiel* Eigentlich sollte es als Schiffsarzt auf der *MS Europa* in die Karibik gehen, aber dann kam alles ganz anders ...

Nach »*Sib-Ir*« (»Schlafendes Land« in der Sprache der Tataren), Sibirien, wollte ich schon als kleiner Junge. Kurz nachdem wir unseren ersten Fernseher bekommen hatten, wurde über Weihnachten *So weit die Füße tragen* ausgestrahlt, ein Film, der mich unglaublich faszinierte. Im Jahr darauf lief im Kino *Doktor Schiwago*, der einzige Film, den ich je zusammen mit meinen Eltern besucht habe. Die Handlung begriff ich nicht so richtig, aber für mich war klar: Da will ich auch mal hin.

Meine Frau Katrin hat mir Entscheidendes voraus: Bevor wir uns kennen lernten, war sie schon zweimal sowohl in West- als auch ganz weit in Ostsibirien gewesen, was ihr bis heute unvergessen blieb.

Als wir Anfang 2004 im ZDF *Sternflüstern** sahen, den Bericht über zwei Familien, die für einige Zeit am Baikalsee lebten, sagten wir, auf dem bequemen Sofa sitzend: »Da würden wir auch mitmachen!« Als dann der Aufruf für eine Fortsetzung des *Sternflüstern**-Projektes, diesmal am Polarkreis, kam, sahen wir uns kurz an – und ich schrieb sofort die Bewerbung per E-Mail.

Irgendwann bekamen wir Nachricht von einem gewissen Herrn Krzeminski, der in zwei Wochen zum Interview und Casting zu uns kommen wollte. Das Interview wurde gefilmt, wir alle wurden einzeln sowie zusammen befragt zu Motiven, Vorstellungen, Erwartungen und Hintergrund. Uns gefiel seine kompetente und auch einfühlsame Art der Befragung. Zum Abschied hieß es dann schon, »dass es sehr ernst werden könne« für uns.
Einige Wochen später kam ein anderes Team, das uns erneut und gezielter befragte. Und nun hieß es schon, dass sie definitiv mit uns fahren wollten, wenn wir denn noch wollten. Das war keine Frage für uns!
Informationen über unser Reiseziel kamen nur spärlich, aber genau das war Teil des Konzepts. Wir wussten nun wenigstens, dass es östlich des Ural an einem Fluss nördlich des Polarkreises sein sollte. Damit war am wahrscheinlichsten die Ob-Mündung gemeint.

Vorbereitungen Nun begannen wir, Informationen zu sammeln über Land und Leute, was sich aber nicht so leicht wie erwartet gestaltete. Offenkundig gibt es nicht viele Reisende nach Nordsibirien. Dann hieß es, Kleidung für extrem kalte Temperaturen zu besorgen – und das im Hochsommer. Erst in Sporthäusern in Süddeutschland wurden wir fündig: Für alle sieben Personen bekamen wir passende Hosen, und so hatten wir in Verbindung mit den teilweise schon vorhandenen Jacken die »Außenhaut« komplett. Alles darunter Liegende wollten wir im »Zwiebelschalenprinzip« aussuchen, um am Ende leicht und doch vielseitig gerüstet zu sein. Das Gewichtsproblem kam als ergänzende Schwierigkeit dazu, denn anfangs hieß es, dass wir nur 20 kg pro Person zur Verfügung hätten. Erst gegen Ende der Vorbereitungsphase

erfuhren wir, dass das ZDF noch Zusatzgepäck ermöglichen würde, das wir insbesondere für die Schulbücher (20 kg) und notwendige Küchenutensilien auch brauchten.
Um uns mit den anstehenden sprachlichen Problemen zu helfen, bekamen wir einen Russischlehrer. Er stellte uns vor terminliche, aber auch konzeptionelle Schwierigkeiten. Am Ende konnten wir zwar zählen und minimale Floskeln austauschen, waren aber noch Lichtjahre entfernt vom Verständnis der russischen Sprache.
Die Schulen aller Kinder zeigten sich enorm kooperativ; nicht nur, dass sie alle »grünes Licht« für die Freistellung gaben, sondern alle bereiteten auch Lehrpläne vor, sodass wir ungefähr wussten, was an Stoff zu bearbeiten sein würde. Diese Geste half, einige Vorbehalte bei den Kindern zu entkräften.
Zwei Wochen vor unserer Abreise meldete sich erneut das Kamerateam, das uns beim Packen filmen wollte. Als sie kamen, waren diverse Häufchen in allen Ecken des Hauses aufgeschichtet, um das Packen zu erleichtern, das letztlich, wie immer, diesmal noch erschwert durch die filmische Begleitung, ein nervenzehrendes Unterfangen wurde. Katrin hatte alles generalstabsmäßig vorbereitet, aber dennoch benötigten wir dafür zwei Tage.
Keinem von uns war außerdem bewusst gewesen, wie oft winzige Szenen des besseren Lichtes wegen wiederholt werden müssen.
Erst eine Woche vor der Abreise erfuhren wir, wann genau und entlang welcher Strecke wir fahren würden. Insgeheim hatten wir mit etwa drei Tagen Reise gerechnet – nun hieß es, dass wir mindestens fünf (!) Tage unterwegs sein würden, und außer einem Hundeschlitten waren alle möglichen Verkehrsmittel eingeschlossen.

Aufbruch Am Morgen des 4. September ging es los. Große Mengen Verpflegung mussten für die Reise vorbereitet werden. Unser Chauffeur kam pünktlich und half uns, 16 Taschen und Rucksäcke sowie sechs Stücke Handgepäck zu verstauen, was wider Erwarten auch klappte. Recht bequem ging es dann los.

Der Flugplatz in Schönefeld war viel kleiner, als ich erwartet hatte. Auf dem Flugfeld standen nur wenige Maschinen einer Charterfirma. Max wollte auch gleich in eine davon einchecken, denn die ging nach Mallorca; alles schien ihm reizvoller als unser Ziel. Ähnlich äußerte sich auch Aneken bei der letzten Frage der Reporter am Terminal; sie war froh, dass wir wenigstens nicht per Auto oder Zug weiterreisten. Die anderen signalisierten positive Erwartungen.

Boike und Karl Rabe im Helikopter auf dem Weg nach Sibirien: Das Abenteuer hat begonnen.

Nach weiterer Wartezeit am Terminal ging es schließlich zum Flugzeug: ein Airbus A319-100 der Aeroflot. Pünktlich flogen wir bei tollem Flugwetter in die Nacht hinein gen Moskau. Der Service an Bord war tadellos und das baltische Bier prima! Boike saß am Fenster und registrierte genau alle Änderungen der Klappen, des Kurses und des Lichtes und genoss den Flug sichtlich.

Moskau Die Landung ging genauso glatt wie der Flug, und schon bald konnten wir uns einreihen in die zahlreichen Schlangen vor der Passkontrolle. Die Zöllnerin entsprach zwar allen negativen Klischees, aber dennoch waren wir nach weniger als einer Stunde durch. Empfangen wurden wir von einigen Teammitgliedern, darunter auch Bernd Reufels und Herr Krzeminski, und das erfreute uns alle.
Die Fahrt stadteinwärts führte uns über eine große, gut ausgebaute Straße vorbei an westlichen »Segnungen« wie Ikea, McDonald's, Obi usw. Der Leningrader Prospekt, den wir südwärts befuhren, war großartig beleuchtet. Der Rote Platz war leider gesperrt, und auch die Festbeleuchtung gab es nicht ohne Grund: die Jubiläumsfeier Moskaus zum 830. Jahrestag der Stadtrechte. Aber alle Festivitäten waren abgesagt wegen des blutigen Ausgangs der Geiselnahme in Beslan am Vortag.
Boike war zu müde und wollte im Bus schlafen, wir Übrigen gingen an der Basilika vorbei Richtung Lenin-Mausoleum; so erlebten wir den Roten Platz, das Zentrum der russischen Welt, menschenleer in seiner nächtlichen Pracht. Wir konnten es kaum glauben. Wir schlenderten über den Platz, und in Gedanken versuchte ich nachzuvollziehen, wie Matthias Rust seinerzeit (1987) seine Cessna hier gelandet hatte. Vorbei an der Kreml-Mauer und den Präsidentengräbern gingen wir zurück. Mangels Licht und Stativ legte ich mich mehr-

fach flach auf den Platz, in der Hoffnung, wenigstens so das Verwackeln der Bilder verhindern zu können. Das hätte ich mal zu normalen Zeiten probieren sollen …
Dann fuhren wir noch eine Ehrenrunde um den Kreml, entlang der Flusspromenade der Moskwa, und nach kurzer Zeit erreichten wir müde, aber froh unser »Hotel Minsk«. Klingt zwar russisch wie »Kempinski«, unterscheidet sich aber nennenswert in der Güte. Insbesondere das Bad betreffend. Wenn Wasser unterwegs war, war dies über mehrere Etagen zu hören. Und der Rest – da schweigen wir besser.
Der nächste Tag begann früh um sechs Uhr; Frühstück fiel aus Zeitgründen aus.
Am Flughafen wiederholte sich der Vorgang vom Vortag: Passkontrolle mit bezeichnender »Herzlichkeit« der Beamtin, Warten, Berge von Gepäck. Jetzt waren es wirklich Berge geworden, da das mitreisende ZDF-Team ca. zwei Tonnen Ausrüstung mitzuschleppen hatte. Irgendwann ging es per Bus zur Maschine, einer TU 134A der Komminteravia. Wir bildeten eine Kette, um alles Gepäck im Flugzeug zu verstauen. Wir starteten bei prima Flugwetter, und die Kurve gen Norden ermöglichte einen Blick zurück auf Moskau. Entlang der Moskwa ging es in nordöstlicher Richtung, wo uns nach etwa einer Stunde eine Wolkendecke die Sicht nahm.

Syktyvkar Nach einer Bilderbuchlandung auf dem Flughafen der Hauptstadt der Republik Komi, der scheinbar mitten im Ort liegt, sortierten wir – für die nächsten drei Tage – unser Gepäck, nachdem wir das ganze Flugzeug wieder per Menschenkette entladen hatten. Den Löwenanteil sandten wir mit dem Team voraus, um es die folgenden Tage leichter zu haben. Da wir erst gegen 23 Uhr weiterfliegen sollten, hatten wir jetzt die einmalige Chance, den Ort zu erkunden. Im

Hotel konnten wir unsere Sachen ablegen. Es war kühl, wenn auch die Sonne noch schien. Die Straßen waren eher leer, wie auch bei uns früh am Sonntagmorgen, aber hier war es schon nachmittags. Einige ältere Holzhäuser durchbrachen das Einerlei der Plattenbauten. Der Gesamteindruck dieser Provinzhauptstadt war eher düster, deshalb sparten wir uns einen längeren Spaziergang. Auf dem Rückweg schauten wir noch in ein *gastronom*, ein Lebensmittelgeschäft, sowie ein *magasin*, einen Gemischtwarenladen, der wirklich *alles* führte; beide haben sieben Tage die Woche geöffnet.
Unser Hotel war eine Variante dessen, was wir in Moskau hatten, wenn auch mit deutlichen Unterschieden. Auf dem Weg zu unseren Zimmern mussten wir im Treppenhaus an einer recht großen Art Ehrentafel vorbeigehen, für jene, »die vom Flug nicht zurückgekehrt sind«. Die stattliche Anzahl der angeführten Namen ließ Max und Solveig erst einmal das Vertrauen in unseren weiteren Luftweg hinterfragen. Die Zimmer waren denen in Moskau recht ähnlich, im Bad gab es die – wie es hieß – typisch russische Toilette und extrem dünnes Toilettenpapier. Die Heizsaison war noch nicht eröffnet. Es gab zwar warmes Wasser, aber in den Zimmern war es klamm.
Abends trafen wir uns mit dem ZDF-Restteam in einer Pizzeria um die Ecke. Dort roch es gut, war auf den ersten Blick recht gemütlich, und die Speisekarte war – wenn man sie denn hätte entziffern können – vertraut. Immerhin gab es 34 verschiedene Sorten Bier im Angebot! Getränke kamen schnell, auch die Bestellung war für alle (dank der Russischkenntnisse einiger in der Gruppe) bald erledigt, und die ersten beiden Pizzen waren erstaunlich geschwind da. Was nicht kam, war der Nachschub. Wir hatten den Laden wohl deutlich an den Rand seiner Kapazität in Sachen Essen ge-

bracht, wenn auch gerne noch mehr Getränke verkauft worden wären.

Gegen 22.30 Uhr trafen wir uns, um die wenigen Schritte zum Abfertigungsgebäude zu gehen. Hier war nichts los, und es ist mir auch nicht ganz einsichtig, warum bei insgesamt nur fünf Flügen pro Tag drei mitten in der Nacht abgefertigt werden müssen. Die Abfertigungsformalitäten waren jetzt einfacher, nicht nur wegen der jetzt übersichtlichen Gepäckmenge. Nach gebührender Wartezeit fuhren wir per Bus zu der lausig kalten Maschine, einer AN 24, einer kleineren Turbopropmaschine. Wir krabbelten alle hinein – und warteten weiter, deutlich über den geplanten Abflugtermin hinaus.

Boike war wieder selig: Wenn auch hundemüde, so saß er direkt am Fahrwerk und konnte sehen, wie es ein- und ausgefahren wurde. Der Flug in die dunkle Nacht war ein wenig unruhig, und mangels Druckkabine schmerzten Aneken die Ohren. Bei der Landung dämmerte es bereits.

Max: »Die Reise in den Tod ...«

Das alles fing mit einer blöden Idee an ..., die dann verwirklicht wurde: Familie Rabe sollte ganz Sibirien unsicher machen und flog erst einmal mit Aeroflot nach Moskau, dann weiter nach Syktyvkar.

Wir flogen dieses Mal mit einer Zweipropellermaschine, die aus alten Kühlschränken des Ersten und Zweiten Weltkrieges gebaut war. Ich hatte starke Angst, doch ich war anscheinend nicht der Einzige. Das sah ich daran, was mir 40 Prozent der anderen dadurch zeigten, dass sie an den Fingernägeln knabberten und die anderen 60 Prozent nicht einmal das konnten, da sie zu fest in den Sitz kniffen und ihre Finger von allein nicht wieder herausbekamen! ...

Als wir dann endlich gelandet waren, bekam ich die beiden Piloten, die aus dem Cockpit kamen, zu Gesicht. Ich stellte fest, dass sie ca. in meinem Alter waren. Doch wir waren ja schon gelandet, und so tat ich einfach so, als ob ich das gar nicht gesehen und registriert hätte ...!

Tagebuch Karl Rabe Workuta – übersetzt »das Versteck der Diebe« – war neben Magadan in Ostsibirien einer der beiden Hauptorte des *Gulag* stalinistischer Prägung. Nie hätte ich mir träumen lassen, je einmal hierher zu kommen – und nun waren wir da, und das ohne Verbannung oder sonstige Gefahren für Leib und Leben. Unglaublich!

Wir hatten einen Ruhetag, denn wir sollten erst am Folgetag morgens weiterreisen. So konnten wir ausschlafen, was auch dringend nötig war. Die Betten waren bezogen, sauber, das Zimmer freundlich, die bislang beste Unterbringung, so schien es uns.

Der Blick aus dem Fenster am folgenden Morgen ließ ernüchternd wenig sehen: graue Plattenbauten, in der Ferne Kraftwerke, tief hängende graue Wolken und nur wenig Menschen auf den Straßen. Das Frühstück musste ausfallen, da heute Desinfektion und gründlich Saubermachen im ganzen Haus angesagt war. Dank ausreichender Vorräte konnten wir aber eine Mahlzeit auf dem Zimmer bestreiten.

Dieser freie Tag hatte eine Überraschung für uns: Wir bekamen einen Bus gestellt, mit dem wir uns umherfahren lassen konnten. Mangels Ortskenntnis ließen wir den Fahrer gewähren und bekamen viel zu sehen und zu hören. Der eigentliche Ort und die »Schachtsiedlungen« bieten wenig Sehenswertes. Und Umweltschutz hat hier offensichtlich denselben Stellenwert, wie ihn an diesem Ort einst die Menschenrechte hatten.

Wir sahen einen der vielen Friedhöfe der Schächte, der wieder hergerichtet war von Litauern und Deutschen, die hier begraben sind. Unzählige andere, die hier umkamen, sind vergessen. Bedrückend ... Am Ende kamen wir in »die Zone«, jenes Gebiet, in dem bis heute noch ein Straflager in Betrieb ist.
Beeindruckend war die Schönheit der Landschaft jetzt in den Herbstfarben. Die unendliche Weite, die tief hängenden Wolken vor klarblauem Himmel, die sich in den flachen Tümpeln spiegeln, solche Bilder gibt es in Mitteleuropa einfach nicht!
Zurück in der Stadt, gingen wir noch über den zum Teil offenen Markt, den *basar*. Stände mit allerlei Brauchbarem, und auch Schund, unseren Flohmärkten nicht unähnlich, aber darüber hinaus mit Lebensmitteln. Die Händler sehen südländisch aus und sind überwiegend Aserbaidschaner, wie Rückfragen ergaben.
Gegen Tagesende versuchten wir, unsere Vorräte im *gastronom* zu vervollständigen. Hier gibt es eine große Auswahl an Lebensmitteln, teilweise auch aus Deutschland importiert und dementsprechend teuer. Grundnahrungsmittel wie Brot und Wasser sind dagegen sehr günstig. Neu zu lernen ist der Weg: Nach Aussuchen der Ware an einem Stand (wenn man denn an der Reihe ist) geht man mit einem Zettel zur Kasse und zahlt, um dann mit der Quittung zurück zum Stand zu gehen und die Ware abzuholen. So kann sich ein simpler Einkauf ziemlich in die Länge ziehen.

Bahnfahrt nach Labytnangi Der nächste Morgen begann ohne Frühstück, da wir rechtzeitig zum Bahnhof mussten. Inzwischen regnete es, und das gleichmäßige Grau aller Gebäude und der nassen Straßen machten den Abschied einfacher. Der Bahnhof war wohl erst kürzlich ganz neu gestrichen worden und stach aus dem Einerlei heraus. Der Zug wartete schon, war aber noch nicht geöffnet. Die Halle füllte sich langsam mit Reisenden. Als das *buffet*, die Gaststätte, eröffnet war, versuchten wir, Kaffee und Tee zu bekommen. Hier ergab sich ein Gespräch mit einem Händler aus Baku, der als Soldat in Magdeburg und Dresden gedient hatte und jetzt seit acht Jahren hier lebt. Wie das Leben so spielt; aber er machte einen zufriedenen Eindruck.

Das Einsteigen selbst musste mehrfach für die Kamera wiederholt werden. Wir hatten zwei benachbarte Liegewagenabteile, aber der eine freie Platz war bei Ankunft schon besetzt von einem Mann mit seinem kleinen Sohn. Das ist hier wohl üblich, und unsere Platzreservierungen halfen da nicht recht weiter. Aber die Schaffnerin hatte ein Einsehen und platzierte

Ab Workuta ging es mit der Polarkreis-Eisenbahn nach Labytnangi, über die Grenze zwischen Europa und Asien: den Ural.

die beiden etwas weiter. Bald setzte sich der Zug in Bewegung, und wir fuhren langsam und gleichmäßig durch scheinbar endlose Tundra. Welch ein Glück hatten wir gestern gehabt, als die Sonne schien, denn jetzt im Regen wirkten die Farben trüb. Wir überquerten einzelne Flüsse und passierten kleine Tümpel. Gelegentlich sah man Fahrzeugspuren im Moor neben der Bahntrasse. Befestigte Wege gab es kaum. Immer wieder sah man marode hölzerne Schneezäune etwa 100 m neben den Gleisen. Bald werden sie wieder zum Einsatz kommen. Die Stromleitung entlang der Schienen wurde immer wieder durch eingeknickte oder ganz umgefallene Masten unterbrochen. Trotzdem scheint alles zu funktionieren – kaum vorstellbar.

Der Zug hielt nicht an jeder Milchkanne wie bei uns auf dem Weg nach Sylt, aber sicher an jedem Haus an der Strecke. Die Versorgung hängt ausschließlich von der Bahn ab, da der Zug sowohl Wasser als auch Grundnahrungsmittel mitnimmt. Ein wahrlich dürftiges Leben.

Plötzlich roch es im Zug nach Rauch, und ich dachte sofort an schlechte Bremsbeläge. Doch nicht die Bremsen, sondern der am Eingang stehende, mit Kohle beheizte Heißwasserkessel zur Teebereitung war der Übeltäter. Wir bestellten ein großes Glas Tee, das uns in prächtigen zinnenen Glashaltern von der Schaffnerin gebracht wurde.

Nach etwa drei Stunden hielten wir lange, weil hier der Zug die Fahrtrichtung und Strecke änderte: Bisher waren wir gen Süden gefahren, jetzt sollte es Richtung Osten nach Labytnangi weitergehen. Auf dem Bahnsteig verkaufen die Dorfbewohner Proviant oder Blaubeeren, womit sie ihren kargen Lebensunterhalt aufbessern. Wir deckten uns sowohl mit *piroschki* – gefüllten Teigtaschen – und mit den frischen Blaubeeren ein. Beides schmeckte vorzüglich. Die Händlerin nahm auch gerne die Gelegenheit wahr, ein paar Takte mit Katrin zu schwatzen. Als sie hörte, woher wir kamen, begann sie, von ihrer Liebe zu Deutschland zu schwelgen, von der Ordnung der Deutschen, von der Gruppe »Rammstein«. Davon hatte sie zwar eine Aufnahme, aber keine Möglichkeit, diese abzuspielen. Wir verabschiedeten uns freundschaftlich.

Endlich fuhren wir weiter – der Tee drängte! Wenn der Zug auf Bahnhöfen hält, werden nämlich die Toiletten verschlossen, als Schutz gegen Schwarzfahrer und die Verunreinigung der Gleise. Nun fuhren wir durch ein größeres Gebiet mit Bäumen, überwiegend Birken und einigen Fichten. Bisher hatte es nur Büsche und Gräser zu sehen gegeben. Weiter ging es durch endlose Weiten. Die Zeit verkürzten wir mit Kartenspiel, und hin und wieder ergab sich über Katrins Russischkenntnisse ein Gespräch mit Mitreisenden.

Dann zeigten sich einzelne Berge – der Ural! Irgendwann kam Unruhe in die Mitreisenden, denn wir sollten jeden Moment die *graniza Jewrasii* passieren. Wir erreichten diese Grenze zwischen Europa und Asien, die durch einen kleinen Grenzstein mit Schild gekennzeichnet ist, nach über einer Stunde.

Dann waren wir in SIBIRIEN! Weiter rollte der Zug und beim nächsten Halt stiegen Ureinwohner ein, so genannte *Chanten*. Eigentlich wohnen sie sehr viel weiter südlich im Gebiet von Tjumen. Per Rentierschlitten – und das ohne jeglichen Schnee – bringen sie ihre Kinder zur Bahnstation, die dann im Internat bis Neujahr zur Schule gehen müssen. Sie trugen ihre traditionelle Tracht: der Mann einen grauen Filzumhang, der mit einer Kordel zusammengebunden ist, die Frau und die Kinder jeweils ein sehr farbenfrohes Hemd und einen Schal in gleicher Farbe. Richtig wasserabweisend sah das alles nicht aus, aber das störte wohl niemanden.

Die Chanten waren freundlich und gesprächig und wollten uns gerne Rentierfleisch verkaufen, weichgeritten auf ihrem Schlitten. Wir lehnten dankend ab.
Wir mussten unsere Uhren jetzt zwei Stunden vorstellen. In der Abenddämmerung sah man größere Lichtansammlungen, vereinzelt auch flackernde Lichter: Erdgasfackeln, wir waren mitten im Erdgasgebiet. Die Häuser sahen hier wohlhabender aus, daneben gab es auch Fabrikhallen.
Endlich, nach über 13 Stunden und zurückgelegten 400 km, erreichten wir *Labytnangi*, den Endpunkt der Polarkreis-Eisenbahn, unseren heutigen Zielort. Der Bahnhof machte einen fast futuristischen Eindruck: neu, äußerlich schadlos, hell erleuchtet, über drei Etagen hoch, mit vielen Läden. Am Ende dieser Bahnfahrt waren wir tief beeindruckt.

8. September Das Hotel in Labytnangi machte uns sprachlos: alles neu, sehr modern, hell erleuchtet, mit Teppichen ausgelegt, ein weites Treppenhaus. Die Kinder tauften es auch gleich »Klein Dubai«. Sogar die Heizung war an, und das Bad war feudal.
Am nächsten Tag ging es per Kleinbus der Marke UAS, mit Allradantrieb, hierzulande das praktischste Gefährt, hinunter zum Ufer des Ob, der sich weit ausladend hier ins Meer ergießt. Es herrschte gerade Hochwasser, das Vorland war weit überschwemmt. Die Fähren sind Schubkähne von etwa 100 m Länge, die pausenlos hin- und herpendeln.
Auf der Fähre kam plötzlich ein junger, nett aussehender Mann auf uns zu, der sich als »Kyrill« vorstellte. Ein *Nenze*, aber mit europäischem Erscheinungsbild, anders als die Chanten, denen wir auf der Zugfahrt begegneten. Auf der anderen Seite des Flusses sahen wir *Salechard*, einen Ort mit

neuen, farbenfrohen Häuserfronten, offensichtlich ein reicher Ort, vermutlich als Folge des Erdgases.

Wir fuhren bis zum Wahrzeichen des Polarkreises, wo wir einen Fototermin hatten. Nicht weit nördlich davon ein weiteres Denkmal, eine alte Dampflokomotive auf einem Sockel: zum Gedenken der Opfer des geplanten Nordverlaufes der Transsibirischen Eisenbahn. Es wurden nur 300 km gebaut, auf denen es schon 4700 Opfer gab. Auf die übrigen 4700 km verzichtete man, und dementsprechend hört hier die Infrastruktur der Verkehrswege auf.

Unsere Weiterreise erfolgte per Lasthubschrauber MI-8. Mit uns kamen das Kamerateam und ein paar Dorfeinwohner. Der Innenraum des Hubschraubers war zu einem Viertel belegt durch einen großen Zusatztank, der ziemlich nach Diesel stank. Leider hatten wir keine gute Sicht, es regnete und die Wolken hingen tief, aber es war dennoch aufregend.

Der Flug ging über ein weites Sumpfgelände in herrlichen Herbstfarben, durchsetzt von zahllosen Seen und Wasserläufen. Ich verlor völlig die Orientierung. Wir flogen in 250 bis 300 m Höhe, die Wolken wurden immer dünner, und schließlich hörte der Regen fast auf. Nach etwa 90 Minuten zeigte Kyrill auf einen Punkt in der Einöde: seinen Heimatort. Bei einer Ehrenrunde konnten wir neue Häuser erkennen, teilweise mehrstöckig, wir sahen Kühe, Schwarzbunte wie in Nordfriesland, einen Hafen, die Schule mit Internat. Dann landeten wir in *Jar-Sale*: Da waren wir nun, am Ende der Welt nach fünf Tagen, und dennoch nicht so weit aus der Welt, wie wir es erwartet hatten.

Per UAS-Bus ging es dann nur ein kurzes Stück zu einem weißen Haus. Nr. 32. Das, so Kyrill, sollte unser neues Zuhause sein.

Aneken: Die Anreise

Am Morgen der Abfahrt wache ich auf und weiß, dass es gleich losgeht. Kurz vor der Abfahrt rufe ich noch einmal meine Oma an, um mich ein letztes Mal zu verabschieden, was mir sehr schwer fällt. Ich kann auch nicht behaupten, dass ich mich wahnsinnig darauf freue, im Gegenteil! Auf der Fahrt nach Berlin, die mir wie eine Ewigkeit vorkommt, denke ich an meine Freundinnen, die gestern Abend noch da waren, um sich bei mir zu verabschieden ...

Nach der langen Reise endlich das Ziel in Sicht. Aus dem Hubschrauber sehe ich zum ersten Mal die Stadt Jar-Sale. Ich habe mir das total anders vorgestellt. Der Hubschrauber landet, wir steigen aus und vor uns sehe ich ein zivilisiertes kleines Dorf, womit ich überhaupt nicht gerechnet habe. Auf unser Haus bin ich total gespannt, wir bekommen den Haustürschlüssel überreicht und Papa schließt die Tür auf. Ich laufe in das erste Zimmer hinein und sehe, dass dort Fernseher, Sofa und Pflanzen sind. Nach den Erzählungen meiner Eltern hätte ich damit am wenigsten gerechnet. ...

Inzwischen gehen wir hier sogar in die Schule, die ganz cool und nobel ist. Ein Nachteil ist aber, dass es keinen Schulhof gibt.

Papa geht mit Mutti jeden Morgen, außer sonntags, in die Klinik als Arzt und Übersetzerin. Mutti arbeitet ansonsten auch noch von nachmittags bis abends im Internat. Alex und Max ziehen abends mit Jugendlichen aus dem Ort um die Häuser. Solveig und ich gehen hier zu einer Tanzgruppe. Es ist ganz witzig, das können Max und Mutti bezeugen, da sie beim ersten Mal zugeguckt und sich herzlich amüsiert haben. Von dort haben wir auch schon ein paar Freunde, mit denen wir abends meistens etwas spielen.

Jar-Sale, Nr. 32: Das Zuhause der Familie Rabe 230 km nördlich des Polarkreises. Mit Fernseher, Sofa und Elektrizität!

Tagebuch Karl Rabe – Unser Haus Wir hatten uns und die Kinder eingestimmt auf kein Wasser, keinen Strom, keine Elektronik, eben nicht das Lebensumfeld, wie wir es kannten. Und nun fanden wir im Haus fließend Wasser, einen Fernseher, einen Gasherd, einen Kühlschrank, eine Badewanne, mehrere Zimmer mit einfachem Mobiliar, Spültoilette und – Massen von Kakerlaken aller Größen in allen Ecken des Hauses. Wir ließen all unsere Sachen auf der Veranda, und dann versuchten wir erst mal, das »Leben« aus der Küche rauszubekommen. Max wollte ja immer auf Jagd gehen, aber er hatte wohl nicht gedacht, dass es auf Kakerlaken sein sollte! Nachdem wir eine Schaufel voll hatten und

das Gekrabbel nicht enden wollte, nahm ich Jacutin, das ich vorsorglich mitgenommen hatte.
Die notwendige Reinigung stellte uns vor das nächste Problem, aber erst der vierte Eimer aus der Leitung brachte klares Wasser. Nach zwei Stunden hatten wir nicht nur den Kanal voll, sondern auch eine saubere Küche und viele neue Erfahrungen. Noch nie hatte ich eine Klobrille aus Weichschaumstoff gesehen. Leider funktionierte die Spülung nicht, aber wir behalfen uns mit der Duschbrause zum Füllen des Spülkastens. Die Wannenarmatur war schief angebaut, dadurch befand sich der Schwenkarm des Ausflusses immer seitlich über dem Wannenrand, bei Gebrauch wurde also immer der Fußboden mit unter Wasser gesetzt. Das Haus war hellhörig, alle Türen – ohne Schloss, wie hier üblich – klemmten. Das elektrische System war denkbar einfach gehalten. Eine am Kabel frei hängende Glühbirne und je eine Steckdose pro Raum. Ein Sicherungskasten war nicht zu finden.
Um das Problem des knurrenden Magens zu lösen, ging es erst mal die Straße lang auf der Suche nach einem *magasin*. Wir fanden einen Laden gleich am Ende der Straße, in dem es scheinbar *alles* gab, von einer Vielzahl von Lebensmitteln über neueste Elektronik bis hin zu Textilien. Nur Baumaterial schien zu fehlen – und Brot. Das gab es in einem anderen Laden, einem kleineren *gastronom*, der nur Lebensmittel führte und dazu noch etwas günstiger war.
Das Brot hier schmeckte sehr gut, genau wie die *doktorskaja*, eine Kochwurst, die ähnlich wie Mortadella schmeckt und besonders bei den Kindern großen Anklang fand. Nach dem Essen konnten wir endlich darangehen, uns einzurichten. Die richtig dicken Wintersachen beließen wir in den Rucksäcken. Dann mussten die Betten gebaut werden, die sich alle aus Sesseln ausklappen ließen. Während dieser Aktion

kam das Kamerateam, das uns bei den ersten Tätigkeiten filmte und uns über unsere Eindrücke befragte.
Alex und Max erboten sich, noch etwas zu trinken zu holen, was wir dankend annahmen. Wir hatten uns schon Sorgen gemacht, als sie schließlich nach über einer Stunde wohl gelaunt wiederkamen – sie hatten nicht nur das gewünschte Bier gefunden, sondern auch noch ein paar Jugendliche aus dem Ort getroffen, mit denen sie sich irgendwie verständigt und für den nächsten Abend verabredet hatten.

9. September Heute schliefen wir erst mal richtig aus. Nach ausgiebigem Frühstück war Wäschewaschen angesagt. Trocknen erwies sich als schwieriger, denn draußen war Nieselregen und etwas Wind. Die Wohnung hat Fernheizung, die aber nicht regelbar ist, sodass die Temperatur innen nur durch Öffnen der Tür beeinflusst werden kann. Die Fenster waren bereits winterfest im wahrsten Sinne – zugeklebt!
Dann stand ein Ausflug zu Kyrills Familie auf dem Programm. Das Haus selbst entsprach dem von uns bewohnten, nur hatte er anstelle einer Toilette vor der Tür ein Plumpsklo zurechtgezimmert. In seinem Elternhaus nebenan lernten wir seine 53-jährige Mutter und deren Schwester kennen: Klein und rund, wache schräge Augen, erzählte sie uns eifrig von ihrem Leben und zeigte uns das Familienalbum. Dann holte sie ein typisches Nenzen-Filzkleid hervor, für Solveig. Wie alle hier bewahrte sie die gesamten Wintersachen verschnürt auf einem Schlitten vor dem Haus auf. Aber weder das gezeigte Kleid noch all die anderen Sachen, die von Generation zu Generation weitergegeben werden, schienen darunter zu leiden.
Dann gingen wir zur örtlichen Post, die aussah wie in jedem Dorf der westlichen Welt, nur gab es dort auch Zeitschriften.

Endlich erfuhren wir auch, dass der Ortsname Jar-Sale auf Nenzisch »sandige Landzunge« bedeutet, und die Postleitzahl: 62 9700. Dann ging es weiter zum *magasin*, um dort etwas gegen Kakerlaken zu bekommen. Die Viecher stören hier kaum jemanden, es gibt sie überall. Grund dafür ist die überirdische Kalt- und Warmwasserleitung, die mit Laub isoliert ist, in dem sie ungestört leben, warm und kuschelig. Über die Rohre kommen sie in die Häuser, aber: »Sie beißen ja nicht, und so macht es wenig.«

Am Nachmittag besuchten wir unseren Nachbarn: ein Russe aus dem mittleren Wolgagebiet, der mit einer Nenzin zusammenlebt. Vor seinem Haus stand ein Zelt, aus dem Rauch aufstieg. Er erklärte uns, dass er sich im Zelt »vom Haus er-

Kyrill Saratetto (l.) und Karl Rabe am Lagerfeuer: Die deutschen Familien lernten sich erst beim Grillabend in der Tundra kennen.

hole«, was hier wohl viele tun. Im Zelt räucherte er, lebte mit seiner Frau und genoss das Leben. Er hatte mehrere *muxol*, lachsähnliche Fische von etwa 60 cm Länge, gefangen, die er uns zeigte und am Ende sogar zwei davon schenkte.
Gleich unten am Ufer begannen wir, die Fische mit unseren Taschenmessern abzuschuppen und auszunehmen. Zu Abend gab es Bratfisch, dabei merkten wir bereits, wie müde wir waren. Boike wusste die Erklärung: »Wir haben doch vier Stunden weniger ...«

11. September Heute war Beerensammeln angesagt. Leider gab es richtiges Schmuddelwetter, wie in Nordfriesland im November. Wir frühstückten erstmals *kascha*, den hier üblichen Getreidebrei, den wir mit einem Glas Johannisbeermarmelade aufpeppten.
Wir fuhren aus dem Dorf in nördliche Richtung. Die befestigte Straße endete bald und wurde zum holperigen Sandweg. Wir passierten mehrere große Tankanlagen, dann die örtliche *stanzija sputnik*, das ist die Nachrichtenzentrale mit fünf großen Satellitenschüsseln. Ein Stück weiter sahen wir Holzkästen auf Stelzen stehen: Das waren Särge auf dem Friedhof der Nenzen, beigesetzt nach Schamanen-Ritualen.
Wir strömten also aus auf der Suche nach Blaubeeren, was sich als schwierig erwies, waren sie doch recht klein und unscheinbar. Blaubeeren fanden wir kaum, aber die schwarzen »Wasserbeeren« (*wodnyje jagody*) waren umso reichlicher. Sie wuchsen an winzigen, am Boden kriechenden Pflanzen mit weichen Nadeln. Dagegen sind die ebenfalls schwarzen und nur wenig größeren Wolfsbeeren giftig. Sie wachsen an kleinblätterigen, feuerroten bodennahen Büschen und sind an der Blattfarbe gut kenntlich. Die eigentliche *brusnika*, die typisch sibirische Moosbeere, unserer Preiselbeere sehr ähnlich,

war nicht so häufig. Sie wuchs an winzigen Ästen einer moosartigen Pflanze, lag dem Boden fast auf und war dunkelrot glänzend. Nach einer Stunde waren wir ziemlich durchgefroren. Das Gemeinschaftsergebnis konnte sich aber sehen lassen: etwa zwei Liter Beeren (mit sieben Mann in 90 Minuten).

Auf dem Heimweg besorgte Katrin mit den Mädchen Zucker, dann wurde die Marmelade angesetzt. Erst wurden die Beeren gewaschen, dann mit wenig Wasser und reichlich Zucker zum Kochen gebracht und mit mitgebrachtem Gelierfix ergänzt. Wir suchten alle möglichen Behältnisse zusammen, um die Ausbeute abzufüllen, immerhin kamen wir auf acht Gläser und eine Schale, Letztere zum sofortigen Verbrauch. Dann ging es an die notwendigen Schularbeiten, was von Oxana, der russischen Assistentin des ZDF-Teams, unterbrochen wurde. Sie lud uns zum Grillabend in der Tundra mit »der anderen Familie« ein – wenn auch ein Blick aus dem Fenster wenig Gutes für den Abend erwarten ließ.

Das Feuer brannte aber glücklicherweise gut, es gab von Aljona eingelegtes Fleisch und Bier sowie Tee und Brause für die Kinder. Trotz des unwirtlichen Wetters wurde es ein gemütlicher Abend mit den sympathischen Studtes.

12. September Sonntag in Jar-Sale – und wir hatten Stromausfall, aber Wasser gab es noch mit den üblichen Einschränkungen. Dabei war Kuchenbacken angesagt, was nicht ganz problemlos war, als da fast alles fehlte. Als Kuchenform schraubten wir die Griffe einer Bratpfanne ab.

Bei einem weiteren Spaziergang durch das Dorf schafften wir es endlich bis zum Hafen. Dort herrschte reges Treiben. Ein Tankkahn wurde entladen, ein Radlader schaufelte Elektromotoren von der Pier, und zahlreiche Menschen bestiegen ein Schiff – das sich als schwimmendes *magasin* herausstellte, recht günstig noch dazu! Auf dem Heimweg trafen wir Familie Studte vor ihrem Haus, und dann Herrn Krzeminski. Klein ist die Welt!

13. September Heute war Boikes 10. Geburtstag. Ich versuchte, *Happy Birthday* auf der Mundharmonika zu spielen, und alle sangen mit. Dann gab es ein paar kleine Geschenke für Boike.
Wir saßen noch beim Essen, als Igor vorbeikam, um uns noch mal raus in die Tundra zum Beerensammeln zu fahren, diesmal bei Sonne, Windstille und relativer Wärme.
Das anhaltend gute Wetter nutzten wir ganz unterschiedlich: Katrin und die großen Jungs gingen zu den *magasiny*, Boike baute Dämme vor dem Haus am Abflussrohr, die Mädchen machten sich alleine auf den Weg und kamen überraschend mit zwei einheimischen gleichaltrigen Mädchen zurück, mit denen sie sich überwiegend auf Englisch und per Zeichen verständigten.
Ich wollte noch ein paar Bilder machen, wozu ich die Straße aus dem Dorf nach Norden bis zum Ende ging. Von dort ging es zum Friedhof, der zwei unterschiedliche Teile aufweist: Die Russen begraben ihre Toten wie bei uns. Das Grab wird eingezäunt, mit Blumen geschmückt, mit orthodoxem Kreuz versehen, auf dem oft ein Bild des Toten ist und ein Schild mit den Lebensdaten. Die Nenzen bestatten ihre Toten überirdisch in einem Sarg, ohne jeglichen Schmuck oder sonstige Erinnerung, aber mit der gesamten Habe des Verstorbenen daneben auf einem Schlitten.
Am Abend feierten wir Boikes Geburtstag – Kyrill, Pascha und auch fast das ganze ZDF-Team kamen. Unser Kuchen mit selbst gemachter Beerenmarmelade fand großen Anklang.

In zwei Tagen soll es zu den Fischern ins Zelt gehen. Auf zum nächsten Abenteuer!

Boike: Mein Geburtstag

Heute ist mein Geburtstag! Beim Frühstück bekam ich meine Geschenke: das Kartenspiel von »Scrabble«, ein »Welt der Tiere«-Quiz, Haribo und ein Buch. Gleich nach dem Frühstück habe ich angefangen, es zu lesen. Am Nachmittag waren Kyrill, sein kleiner Sohn Pascha und das Kamerateam zum Geburtstagskaffee eingeladen. Von Kyrill bekam ich eine ganz weiße *schapka,* die von einem Polarfuchs stammte. Kuschelig weich und warm! Von dem Team bekam ich eine Kette aus Luftballons, auf die die Glückwünsche von jedem Einzelnen geschrieben waren. Charlotte filmte mich noch ein bisschen und dann mussten auch schon wieder alle gehen, denn es war schon spät.

Geburtstagsgeschenk für Boike Rabe: eine kuschelige weiße *schapka* aus Polarfuchsfell von Kyrill, Aljona und Pascha

Tagebuch Karl Rabe – 14. September Wir mussten packen, denn ab morgen soll es rausgehen. Packen! Gibt es etwas Nervigeres? Jetzt ging es darum, von den wenigen mitgebrachten Dingen diejenigen zusammenzusuchen, ohne die wir im Zelt nicht auskommen konnten. Ein Zelt für alle, keine Waschmöglichkeit (allenfalls Zähneputzen). Kurz: Campingurlaub in Sparvariante, aber das Ganze frostig!
Als unerlässlich wurde Klopapier eingestuft, das noch gekauft werden musste. Dabei waren wir erpicht darauf, insgesamt sieben Kupfermünzen – hierzulande Zehn-Kopeken-Stücke – als Wechselgeld zu bekommen (das ist hier nicht einfach, weil anstelle von Kleinmünzen in Ermangelung dieser oft nur Bonbons oder Maggiwürfel ausgegeben werden). Kyrill bedeutete uns, dass es Sitte sei, den Meeresgott gnädig zu stimmen, indem man sieben Kupfermünzen ins Wasser wirft und so Unheil von sich und den Seinen fern hält.
Kyrill brachte uns Gummistiefel mit sehr kuscheligen Filz-Innenschuhen, sogar für mich passend, sowie drei Nenzenumhänge aus Filz für Boike, Alex und mich. Max sollte den von Kyrill tragen.

15. September – Ortsrundgang Der heutige Tag begrüßte uns mit – Sonne! Hier konnte man keine der bei uns geltenden Wetterregeln anwenden. Da sich die Abreise wegen Lars' Erkrankung verzögerte, genossen wir einen ausgiebigen Ortsrundgang.
Der Ort hat nur vier Straßen – *Uliza Mira* (Straße des Friedens), *Sowjetskaja* (Sowjetische Straße), *Chudi Serokowa* und *Fjodorowa*, die überwiegend parallel verlaufen, und eine Querverbindung, *Sewernowo Mikrorajona* (Nördlicher Kleinbezirk); seit neuestem verläuft dazu nördlich parallel noch eine weitere, *Uliza Krajewskowo*. Die übrigen Wege sind Fußstege, die

hochgelegt auf den isolierten Wasserrohren des Ortes verlaufen. Es gibt zwei Zugangswege nach Jar-Sale: per Hubschrauber und per Schiff. Es gibt den Haupthafen, der am Ende eines kleinen Nebenarmes des Ob liegt und Schiffen bis etwa 1000 Tonnen zugänglich ist, und den Fischerhafen, der an einem kleinen Seitenarm des Hauptweges liegt und nur mit flachen kleinen Booten befahrbar ist.

Alle Gebäude sind wegen des Dauerfrostbodens auf Pfeilern gebaut. Die alten Holzhäuser werden nach und nach durch neue und größere Steinhäuser ersetzt, die auf 10 m lange Stahlbetonpfähle gestellt sind. Auch die neuen Häuser sind durch die überirdischen Rohrleitungen angeschlossen. Strom wird in an Masten frei hängenden Kabeln zugeführt. Das Abwasser scheint an jedem Haus in Klärgruben gesammelt zu werden, welche im Turnus abgepumpt werden. Die Elektrizitätswerke am Nord- und am Südrand werden mit Diesel betrieben. Letzteres arbeitet Flusswasser auf. Warmwasser ist Kühlwasser der Generatormotoren – und so riecht es auch …

Da der Ort autark sein muss, gibt es hier alles Notwendige, und vieles in erstaunlicher Vielfalt. Eine hochmoderne Feuerwehr mit zwei Löschfahrzeugen, ein relativ großes und neues Krankenhaus für Tuberkulose und Psychiatrie (interessante Kombination!). Die große neue Schule dominiert die Hauptstraße. Hier findet man auch das neue Hotel, die Bank, die Post, das Administrationsgebäude, den Neubau einer Basilika, an dem noch gearbeitet wird. Nicht weit davon liegt die Poliklinik mit der Apotheke; ein Neubau ist im Entstehen. In Krankenhausnähe ist ein kleiner Park mit Leninstatue, das Ganze vor dem Haus der Jugend. Das Internat für die Nenzenkinder ist unweit der Schule in zwei Holzhäusern mit angrenzender Küche untergebracht. Etwas weiter westlich gibt es einen Kinderhort.

Die Versorgung übernehmen mindestens 15 verschiedene *magasiny*, die ich auch heute noch nicht alle von außen als solche erkennen konnte. In zwei halbrunden Hallen ist eine Art Basar fest eingerichtet.
Handwerker arbeiten im Auftrag der *Sowchose*. Alles Weitere geschieht in Eigeninitiative, mit Beziehungen oder – nie! Das erklärt auch die teilweise desolaten Zustände der Häuser, der Fahrzeuge, der Stege und Rohrleitungen sowie der elektrischen Leitungen.

16. September – Reise zu den Fischern Heute Morgen sollte es nun endlich losgehen. Der Himmel zeigte sich von tiefschwarz bis leicht blau bei starkem Westwind, zur Stunde unserer Abfahrt hatte es dann aufgeklart.
Kyrill fuhr uns zum Hafen, wo längsseits eines Frachters ein recht kleines Boot lag, in das wir alles verstauten. Der Kapitän sah verwegen aus, war beiderseits handamputiert (!) und regelte alles an Bord alleine. Als er unser vieles Gepäck sah, fluchte er ordentlich, denn das Boot war hoffnungslos überladen. Wir fuhren einmal schnell, einmal langsam, es schien sehr flach zu sein. Wie sehr, das merkten wir nach einer kurzen Strecke, als wir auf einen festliegenden Frachter stießen. Fluchend wurde die Lage beraten, dann wurde umgeladen auf den Frachter. »Unser« Boot, das jetzt flacher lag, schaffte es zu unserem Erstaunen, sich am »Großen« vorbeizuquetschen und es freizubringen. Wir blieben auf dem Frachter, wo es warm war und gutes Essen gab (Fisch, Salat, Kohl, scharf gewürzt).
Auf diesem winzigen Seitenarm des Ob fuhren wir bis in den Nachmittag, der nächstgrößere und der Ob selbst sind alle flach, zwischen 2 und 5 m tief. Unser Frachter war 65 m lang und hatte nur 1,40 m Tiefgang. Auf der Seekarte waren zahl-

reiche Bojen verzeichnet – aber keine zu sehen. Die Navigation war eine Meisterleistung, zumal der Fluss noch im Nebenarm so breit war, dass das andere Ufer nicht sichtbar war. Irgendwann kamen dann vier Boote, zwei moderne und zwei, die wohl noch von Noah stammten und denen ein Motor eingesetzt worden war. Auf diese beiden Seelenverkäufer verfrachteten wir uns und unsere gesamte Habe. Auf der Weiterfahrt mussten wir ordentlich Wasser schöpfen, während ringsum keinerlei Lebenszeichen zu sehen waren, die auf eine Küstenannäherung hätten schließen lassen. Zweimal liefen wir auf Grund. Unser Bootsführer, ein Nenze, stieg ungerührt aus und stiefelte in langen Fischerstiefeln vor uns her, während wir mit den beiden Rudern stakten, bis das Boot wieder freikam. Schließlich sahen wir eine Art Leuchtturm, der eine Flusseinfahrt markierte. Hier war das Ufer gesäumt von Pflanzen, die wie Mangroven aussahen!

Als wir dann nach fast drei Stunden Fahrt wie Schiffbrüchige ans Ziel kamen – nasskalt, klamm, erschöpft und ziemlich verdreckt –, war das andere Boot mit unseren Sachen noch nicht angekommen. Auch per Funk war kein Kontakt herzustellen.

Inzwischen stellten wir uns bei *tjotja* Lidija, der Hausfrau im Zelt, einer alten, freundlich schauenden und wegen Übergewichts stark schnaufenden Nenzin, vor. Sie wies uns unsere Plätze im *tschum* zu, ihrem Zelt, in dem sie mit ihrem Mann, *djadja* Wassili, lebte. Das *tschum* war ein Spitzzelt von etwa 6 m Bodendurchmesser, in dem wir alle inklusive Gepäck Platz finden sollten, zusammen mit den dort schon wohnenden sieben Nenzen. Das wurde ganz schön eng. Zur Toiletteneinweisung genügte ein kurzer Hinweis auf einen Eimer hinter dem Zelt, von allen Seiten gut sichtbar – nichts mit »stillem Örtchen«.

Zu essen gab es rohen Fisch mit extrem scharfem Senf, dazu etwas Brot und Tee, als Nachtisch noch gekochte Innereien (?) vom Fisch. Das rohe Fischfleisch biss man an und schnitt es mit dem Messer schnell vor dem Mund ab. Das Ganze war gewöhnungsbedürftig, aber man verhungerte nicht.

Leider fehlte noch unsere Ausrüstung, insbesondere die Schlafsäcke, und so legten wir uns weit nach Mitternacht, eng wie Ferkel im Koben, ins Zelt, denn die Körperwärme war alles, was wir hatten. Es wurde eine sehr ungemütliche Nacht.

Solveig: In der Tundra

An einem Donnerstagmorgen ging es so gegen zehn Uhr los. Wir luden die Taschen mit unserem Gepäck in ein ungepolstertes Geländefahrzeug namens »UAS« und fuhren in Richtung Hafen. Beim Hafen angekommen, luden wir die Sachen wieder aus und packten sie auf ein relativ kleines Motorboot. Der Kapitän fing sofort an zu schimpfen, als er sah, wie viele Leute kamen, denn wie meine Mutter mir übersetzte, waren nur sieben Leute angemeldet und wir waren elf. Kurz darauf legten wir dann aber trotzdem ab, und als der Kapitän die Taue losschmiss, sah ich, dass er keinen einzigen Finger mehr hatte. Ich fragte mich, wie er das Boot wohl steuern will, doch es klappte. Nach ca. 15 Minuten Fahrt stand ein aufgelaufener Frachter quer im Fluss, sodass unser Boot wegen des Tiefgangs nicht durchkam. Wir stiegen auf den Frachter um, und das war ganz vorteilhaft, denn auf dem Frachter konnten wir uns bewegen, durften auf die Brücke und bekamen sogar etwas Warmes zu essen.

Nach anderthalb Stunden Fahrt kamen auf einmal von irgendwo zwei kleine Motorboote und zwei etwas größere Holzboote. Bernd (der Regisseur) teilte uns, Lars (Kameramann) und Kai (Tontechniker) ein Holzboot zu, unser Gepäck kam auf das andere. Die beiden Motorboote wurden für die Technik des Teams genommen. Unser Boot fuhr als Erstes los. Da wir mitten auf dem Ob waren, war auch etwas Seegang, der auf unserem Bötchen ziemlich zu spüren war. Da das kleine Schiff an keinem Ende dicht war, mussten Max, Boike, Alex und Lars öfter mal schöpfen. Meine Schwester Aneken dachte, wir würden untergehen, und glaubte meiner Mutter zum Schluss sogar fast, dass es hier Haie gibt, denn ein Holzstück im Wasser sah aus wie eine Flosse. Man sagte uns, dass wir drei Stunden fahren würden, insgesamt fuhren wir sechs Stunden. Als wir dann endlich ankamen, war ich überrascht, denn ich dachte, hier ständen mindestens drei *tschumy*, aber hier stand nur eines. Kurz darauf sah ich einen Hund, der hier lebt, und das war dann schon der erste Lichtblick.

Zum Frühstück gab es rohen Fisch. Da Sushi sowieso nicht mein Fall ist, hielt sich meine Begeisterung in sehr engen Grenzen. Den Fisch aß man auch nicht mit Messer und Gabel, sondern, wie uns ein Einheimischer erklärte, so: Man nimmt den Fisch in eine Hand und schiebt sich so viel man haben möchte in den Mund. Dann nimmt man ein scharfes Messer und schneidet den Fisch von unten nach oben direkt vor dem Mund ab. Das Wort Nasenbluten konnte hier also auch eine andere Bedeutung bekommen. Nach dem Frühstück fegte ich den mit Holzbrettern belegten Boden des *tschum*. Der Besen war kein gewöhnlicher, er bestand aus zwei Vogelflügeln. Es ging aber erstaunlich gut.

Die Zeit verging schnell. Obwohl ich am Anfang nicht so begeistert war, wäre ich auf der einen Seite noch gerne ein bisschen geblieben, freute mich auf der anderen Seite aber auch über eine warme Dusche und ein gepolstertes Bett. Insgesamt war es in der Tundra sehr interessant und voller neuer Erfahrungen!

Kyrill zeigt Solveig Rabe, wie die Nenzen rohen Fisch essen: »Gewöhnungsbedürftig, aber man verhungert nicht« ...

Tagebuch Karl Rabe – 17. September Zum Glück hatten wir gutes Wetter. In der Sonne sah alles gleich viel freundlicher aus.

Wir waren allein auf weiter Flur! Unser *tschum* stand auf einem kleinen Hügel in der Nähe eines Teiches, ringsum Weite, Tundra, Stille. Das Einzige, was zu hören war, war das am Teichrand stehende Gras, das im Wind raschelte. Keine Motoren- oder sonstige Geräusche, kein Radio, nichts. Nur wir. Die Tundra war hier genauso spärlich bewachsen wie jene um Jar-Sale, wo wir Beerensammeln waren. Das Wasser im Tümpel vor dem Zelt war kristallklar und trinkbar. Vor dem Zelteingang stand ein Eimer mit unten befestigtem Stab, der, mit leichtem Druck gehoben, Wasser abließ: die Waschvorrichtung, die vom Teich nachgefüllt wurde.

Nach dem Frühstück ging es an die Tagesarbeit. Irgendwann kam das zweite Boot mit unseren Schlafsäcken, die erst einmal zum Trocknen aufgehängt werden mussten. Ein mitgebrachtes Rentier war zu zerlegen, was Männersache war. Das Fleisch war hervorragend, zart und mager (und mit Veterinärstempel versehen, was hier offenbar auch für Wild gilt). Die Mädchen gingen Beeren sammeln, wir strömten aus, um Holz zu holen und es so weit zu zerkleinern, dass es in den Ofen passte. Kyrill hatte Enten geschossen, die noch gerupft und ausgenommen werden mussten – Frauensache. Das Absengen wiederum war Männerarbeit. So ging der Tag bei herrlichem Wetter ins Land, ohne Hektik, ohne Probleme.

Max war mit den Fischern zum Netzeauslegen gefahren. Als er nach etwa zwei Stunden wieder da war, war er glücklich! Er hatte einen Schneehasen erlegt und war mächtig stolz. Nun war er aufgenommen, auch beim Essen bei den Nenzen zu sitzen. Ein tolles Erlebnis für ihn und ein mächtiger Motivationsschub.

Spät am Abend begann Kyrill, Frikadellen aus Ren und Schwein zu braten, die vorzüglich schmeckten. Wir legten uns sehr spät schlafen, müde und geschafft, aber froh und in Erwartung einer warmen Nacht.

18. September – Zeltleben Wir waren alle warm geblieben, hatten aber dennoch nicht sehr gut geschlafen, da man keinen Platz zum Drehen hatte und der Boden ziemlich hart war. In der Nacht hatte es angefangen zu regnen, bei starkem Wind. Als wir aufstanden, pfiff es immer noch, und ein paar Sachen waren an der Zeltwand unten nass geworden; das *tschum* selbst hatte dicht gehalten.

Der Ofen war der Mittelpunkt des Zeltes, auf ihm stand immer ein *tschajnik*, der vor sich hin köchelte. Davor stand ei-

ne Schüssel mit brennbarem Abfall, dahinter ein etwa 20 cm hoher Tisch mit ein paar Küchenutensilien. Links und rechts waren die Lagerplätze, unsere waren links. Beiderseits des Einganges lagerte Holz. Über dem Ofen, etwa in 1,70 m Höhe, waren zwei Stangen befestigt zum Trocknen der nassen Sachen. Hier hing auch die Petroleumlampe, die ein trübes Licht gab und erst angemacht wurde, wenn man schon gar nichts mehr sah. Dadurch mussten wir dauernd gebückt gehen, und ab dem zweiten Tag begann man sein Kreuz zu spüren. Der Boden selbst war mit ein paar Brettern ausgelegt, die Schlafplätze mit etwas Fell oder Strohkissen.
Nach dem Frühstück fuhr Max mit den Männern zu den gestern gestellten Netzen. Als die Fischer mit reichlichem Fang zurückgekehrt waren, ging es an die Fischverarbeitung. Die Kiste, in der der Fisch gebracht worden war, wurde mit dunkelbraunem Moos, das im Wasser wächst und sehr fest ist, ausgescheuert. Die hellgrüne, im Trocknen stehende Variante wurde zur Körperpflege, wenn so etwas je stattfand, und zur Toilette benutzt.
Nach dem Fisch wurde der Schneehase abgezogen, und zwar ohne ihn vorher auszunehmen, denn der Balg sollte zu einem Kragen verarbeitet werden. Das geschah sehr geschickt und sauber. Die gestern bearbeiteten Vögel kamen alle in einen Suppentopf und kochten neben dem *tschajnik* den ganzen Tag. Der Wind war auf Nord gedreht und es wurde zunehmend kälter. Die tiefen Wolken im Nordwesten sahen nach Schnee aus. Max und Kyrill gingen auf die Jagd.
Tjotja Lidia bekam Besuch von ihren Enkeln, für die ein zweites *tschum* aufgebaut wurde. Die Leitung hatte Ira, die Mutter. Zuerst wurden die Bodenbretter gelegt und der Ofen auf eine Blechplatte gestellt. Auf der rechten Seite wurden im Halbrund erst Zweige als Federung gelegt. Darüber kamen ge-

flochtene Strohmatten; allein dieses Konstrukt hatte Matratzenstärke und schien deutlich weicher als die Unterlage in unserem *tschum*. Hierauf kamen Felle. Das Tischchen und ein paar Bündel persönliche Habe wurden eingestellt. Während die Männer die Ofenrohre zusammensteckten, wurden drei Stangen zusammengebunden und als Dreibein so gestellt, dass sie sich über dem Ofen trafen. Jetzt wurden weitere Stangen kreisförmig angelehnt, aber nicht gleichmäßig, sondern in drei Gruppen um etwa 120° versetzt. Das war notwendig, damit die Stangen sich in der Spitze hielten. Zuletzt wurden die zwei den Eingang begrenzenden Stangen gesetzt, die auch das Ofenrohr hielten. Die Zeltplane bestand aus zwei Hälften, die sich über dem Eingang trafen. Nun konnte der Ofen angeheizt werden und das neue *tschum* wurde bewohnbar.

19. September Nach dem Frühstück fuhren die Fischer mit Solveig raus, die gestern gesetzten Netze zu kontrollieren. Nach ihrer Rückkehr mit reicher Beute ging es ans Ausnehmen, dann wieder ans Holzhacken. Inzwischen hatte sich Alex mit dem 17-jährigen Kolja zusammengetan, der ihm zeigte, wie man hier Rentiere mit Lasso fängt. Danach rangen sie ein wenig. Auch Boike hatte Freunde gefunden, Daniel und Jura, die ihm ein Pfeilspiel zeigten. Solveig und Aneken tobten mit dem Hund und vervollständigten ihre Schnitzereien. Zu Mittag gab es rohen Fisch oder *kascha*. Bei der Auswahl ging Letztere gut weg, und Aneken, die so etwas sonst immer verschmähte, fragte, ob wir es auch zu Hause kochen könnten. Merklich, wie sich die Wertigkeiten zu verschieben begannen.
Die Jäger waren sehr erfolgreich mit insgesamt drei Hasen und sechzehn kleinen Enten zurückgekehrt. Das versprach viel Arbeit für morgen.

20. September Heute Nacht war es kälter, und nach dem Frühstück strömten wir erst einmal aus, um Holz zu schlagen und zu zerkleinern. Unser kleiner Vorrat war fast aufgebraucht, überhaupt klappte Vorratshaltung hier eher schlecht; man lebte Tag für Tag von der Hand in den Mund. Beim Zerkleinern stellte ich mich blöd an und rutschte mit der Säge ab. Die schien zwar stumpf, aber für eine ärgerlich tiefe Risswunde am Unterarm, die genäht werden musste, langte es. Die Zange am Messer als Nadelhalter, die Schere zum Fadenschneiden, Wodka zur Desinfektion, Katrin assistierte beim Knoten (denn einhändig war das nicht zu machen), das Ganze mit schmutzigen Händen – wie hier üblich: *normalno*!
Abends riss der Himmel auf und der Wind legte sich. Wunderbares Licht und herrliche Abendstimmung, aber es war empfindlich kalt. Der See vor dem Zelt war spiegelglatt und wirkte so durch die Wolken viel tiefer, als er war.
Beim Abendessen berichteten die Jäger, dass es kalt werden würde: Zum einen zogen die Gänse in Schwärmen nach Süden, und dann flogen sie sehr hoch.

21. September Herbstanfang! Hier kam es anders, denn es hatte erstmalig geschneit und Eis bedeckte unsere Wasserversorgung. Schon nachts merkten wir die Kälte im Zelt, und dann begann der Wind zu heulen. Als wir morgens – steif und klamm wie immer – aus dem Zelt stiegen, war der Schnee schon wieder weg, aber einige Flocken flogen noch umher. Der Wind war eisig. Man sprach von einem baldigen Aufbruch.
Das Essen hier war eher eintönig. Brot war wichtig. Dazu gab es Tee, Butter, Zucker, Zwiebel und Salz, die gekauft wurden. Alles Weitere wurde aus der Tundra besorgt: Fisch und Wild,

Die siebenköpfige Familie Rabe in der Tundra: Mit der Nenzenfamilie im *tschum*, dem Zelt, wurde es ganz schön eng.

hier besonders Enten und Hasen, Rentiere und Elche. Der Fisch wurde roh gegessen, manchmal auch geräuchert. Das Wild wurde in der Suppe gekocht, wie auch Fischkopf und -schwanz. Es gab Beeren, *brusnika*, eine Art Preiselbeere, und Pilze. Da fast alles Verwendung fand, brauchte man nur wenig. Aber als Jäger und Sammler, auf deren Stufe wir jetzt auch gestellt waren, gab es auch kaum Möglichkeiten, zu Geld zu kommen. Munition war teuer, genauso wie Benzin für die Bootsmotoren, und die Jagdergebnisse waren selten so üppig, als dass sie zur Handelsware reichten.

Kolja muss nächstes Jahr, mit 18, für zwei Jahre zum Militär, oder zum Zivildienst für fünf Jahre. Man hört nicht viel Gutes über die Zustände in der Armee.

Die Kinder gehen in den Dörfern bis zur 4. Klasse zur Schule, danach müssen sie nach Jar-Sale ins Internat, das für die Nenzen kostenlos ist. Aber die Wohnmöglichkeiten sind genauso bescheiden wie draußen in der Tundra, und zu den Eltern kommen die Kinder nur alle drei Monate. Die Kinder, die wir hier draußen erlebten, waren fröhlich und sehr selbstständig. Die Eltern gingen sehr liebevoll, aber auch streng mit ihnen um. Man hörte viel Lachen, aber nie Geweine oder Rumgejaule, um irgendetwas von den Eltern zu erpressen.

Die Kälte blieb den ganzen Tag, wenn es auch nachmittags wieder aufriss. So gingen wir, nach den Gesprächen am Ofen, raus, und Katrin, Alex und Max gingen baden – bei wenig über null Grad Wassertemperatur! Danach kribbelte und brannte es, aber sie sahen gut aus danach.

Am Abend gab es Entensuppe, dazu Brot und Tee. Das wärmte gut durch. Das Restlicht wurde für ein wenig Schularbeit genutzt.

22. September – Rückreise aus der Tundra Am nächsten Morgen hatten wir Schnee, und es schneite noch weiter; nicht stark, aber stetig. Heute sollten wir mit dem *wjertoljot*, dem Hubschrauber, abgeholt werden, aber die Wetterbedingungen konnten uns durchaus einen Strich durch die Rechnung machen.

Dennoch wurde alles fertig gemacht für den Aufbruch, und das auch bei den Nenzen. *Tjotja* Lidija packte Sack und Pack zusammen, wie sie es offenkundig schon oft gemacht hatte. Als der MI-8 aufgesetzt hatte, luden wir unser gesamtes Gepäck ein, und die vier Nenzenkinder und *tjotja* Lidija kamen auch mit. Im Steigflug auf etwa 200 m sah man erst die Ausdehnung der Sumpf- und Wasserwüste, die für die letzte

Woche unser Zuhause gewesen war, in ihren verschiedenen Farben. Nach etwa 15 Minuten Flug kamen wir nach Sjune-Sale, dem Heimatdorf unserer Gastgeber, viel kleiner als Jar-Sale. Dort gibt es keine Straßen, keine Autos, nur ein paar Motorschlitten. Dann ging es weiter nach Jar-Sale, nach Hause. Die Vorfreude auf eine warme Dusche, eine warme Stube, richtig schlafen war allen anzumerken.
Unser Abendbrot aßen wir in Tundra-Tradition nur mit Brot und Tee, allerdings verfeinert mit selbst gemachter Marmelade und einer Wurstkonserve.

Alexander: Reisen in Russland …

Russland ist ein schönes Land, und das zeigt es auch voller Stolz. Russland ist auch ein sehr großes Land, also ist es gar nicht so einfach, wenn man von einem zum anderen Ort reisen muss. In Deutschland kann man das Reisen genau planen. Man kauft sich einfach eine Busfahrkarte oder ein Bahnticket, und schon ist man am Reiseziel angekommen. In Russland kann man das nicht, denn so gut der Plan auch sein mag, es passiert immer etwas, das den Plan zunichte macht. Leben und Reisen hier hat mich um viele Erfahrungen bereichert, die ich *so* anderswo nicht hätte machen können. Die freundlichen Menschen hier, für die das alles normal ist, zeigten mir die liebenswerten Seiten des Lebens; gerne würde ich mehr kennen lernen.

Tagebuch Karl Rabe – 23. September Katrin und ich trafen uns um Punkt zehn Uhr vor dem Verwaltungsbau mit Bernd und dem Filmteam. Marina Galanina, die Bürgermeisterin, überließ in der nun folgenden »Audienz« nichts dem Zufall – es war unmissverständlich klar, dass ihr Wort galt und sie hier zu bestimmen hatte.

In schwarzem Kostüm mit weißer Bluse, hochhackig, adrett, blondiert, erklärte sie uns beim Tee in deutlichen Worten ihre Weltsicht. Selbst ich konnte ihr in vielen Ausführungen folgen, wenn auch nicht verbal, doch ihr scharf gezeichneter Mund wie auch ihr Augenkontakt unterstützten das Gesagte. Dabei zeigte sich, dass Jar-Sale eigentlich der Nabel der Welt sei. Es gäbe keine unlösbaren Probleme für die 5900 Einwohner, es gäbe keine Drogen, Alkoholiker, Schlägereien, die Straßen seien sauber und sicher. Sie hatte sich für alle von uns bereits Gedanken gemacht, was wir unternehmen könnten. Nach kurzen Anrufen waren innerhalb zehn Minuten sowohl der Klinikdirektor als auch der Schulleiter im Raum und erhielten Anweisungen. Nun war klar, wo und wie die Kinder zur Schule zu gehen hätten. Die Schule arbeitete in zwei Schichten und versorgte 1240 Kinder, und das sechs Tage die Woche. Abends gab es noch Sport- und Tanzgruppen. Katrin konnte im angeschlossenen Internat tätig werden. Ich hatte in der Klinik anzufangen, wobei die Ausführungen sich eher wie ein Fünfjahresplan denn wie ein Reinschnuppern in verschiedene Bereiche anhörten. Mit den besten Wünschen waren wir entlassen von einem faszinierenden Treffen.
Abends gingen die Mädchen dann zur Tanzgruppe. Als sie uns darüber berichteten und vorführten, was sie gemacht hatten, war das Lachen noch lange im Haus zu hören.

24. September – Klinikrundgang Heute Morgen sollte ich mich in der Klinik vorstellen, begleitet von Katrin und dem ZDF-Team. Jefim Arkadjewitsch Kesselmann, der jovial aussehende, etwas rundliche Klinikdirektor, den wir am Vortag schon bei der Bürgermeisterin gesehen hatten, bat uns in sein recht großes und fast gemütlich eingerichtetes Büro. Er holte eine detaillierte Karte der Jamal-Halbinsel, die er auf sei-

nem Schreibtisch ausbreitete, um uns seine Aufgaben hier zu verdeutlichen: Das Krankenhaus in Jar-Sale ist das Zentralkrankenhaus der gesamten Halbinsel, die immerhin etwa 800 km lang und 200 bis 300 km breit ist. Dort leben etwa 15 700 Menschen, 80 Prozent davon traditionell, teilweise als Nomaden.
Die Besiedlung erfolgt an der Ostküste bis in den Norden, wo auch die Hauptorte und somit medizinischen Stützpunkte angesiedelt sind. Die gesamte Versorgung muss sich daher den geografischen Gegebenheiten und der Lebensweise der Menschen anpassen. Die Transporte erfolgen daher fast ausschließlich per Hubschrauber, was das System extrem verteuert und derzeit etwa 30 Millionen Rubel jährlich verschlingt.
Von der Klinik ausgehend werden mobile Einheiten ausgesandt, um Impfungen, Vorsorgen und Routinebehandlungen durchzuführen; sie sind acht bis zehn Tage unterwegs (per Hubschrauber) und bieten kostenlose Versorgung auf hohem Niveau. Kostenlos ist auch die Ersthilfe, die mit der 03 angerufen werden kann, sowie ein sich eventuell anschließender stationärer Klinikaufenthalt. Außerdem ist jegliche ambulante Behandlung für Alte und Kinder frei, dazu noch die Säuglingsnahrung und Erstausstattung für die Nenzenkinder. Alles Weitere kostet und kann mittels Versicherung, die vom Arbeitslohn einbehalten wird oder selbst zu zahlen ist, ersetzt werden.
Das System ist vergleichbar mit dem Deutschen, aber durch die logistischen Probleme ungleich aufwändiger. Anders als in anderen europäischen Ländern werden in Russland, besonders hier im Norden, insbesondere Vergiftungen und Unfälle behandelt, nicht Herzkrankheiten und Krebs. Eine Ursache ist, wie unumwunden zugegeben wurde, der Alko-

holismus (den es laut Bürgermeisterin nicht gibt) und die Tatsache, dass alles, aber auch alles, getrunken wird.
Der Klinikrundgang, der sich jetzt anschloss, war sehr aufschlussreich. Die Klinik ist in mehreren Baracken untergebracht, wobei ein großes Gebäude unmittelbar daneben im Bau ist. Die Krankenzimmer sind recht spartanisch ausgestattet und sehr eng. Ähnlich die Verwaltungsräume. Das medizinische Inventar aber überraschte mich: Alle Geräte, die vorhanden sind, sind in gutem Zustand, oft westlicher Herkunft und die Ärzte daran ausgebildet.
Am Nachmittag ging es Vorräte einkaufen, denn im Hafen lag für zwei Tage ein Schiff, das Butter, Zwiebeln, Wurzeln und Kohl an Bord hatte. Dann weiter zur Besichtigung der neu gebauten Klinik für Psychiatrie und Tuberkulose. Beide stellen erhebliche Probleme in der Region dar, wobei sich Ersteres fast ausnahmslos durch den Alkoholismus erklärt, während die Tuberkulose mit absteigendem sozialen Stand im Zunehmen begriffen ist.
Abends gab es *pelmeni*, die typisch russischen Teigtaschen, mit Fleisch und viel Knoblauch gefüllt. Wir vertilgten eine große Menge mit Genuss.

25. September – Vorstellung in der Schule Wir wurden um 8 Uhr von Pascha abgeholt, um zur Schule zu fahren. Die Schule ist das derzeit größte Gebäude des Ortes, seit zweieinhalb Jahren in Betrieb. In der Eingangshalle reges Treiben. Gleich gegenüber große schwarz vergitterte Garderoben, an denen die Mäntel aufgehängt werden. Alles in Weiß und sauber. Neben der Tür war ein großer Stundenplan für alle Klassen aufgehängt. Die Klassenräume sind in drei Etagen um die zentral liegende Turnhalle angeordnet. Jeder Lehrer hat seinen Raum, die Klasse wechselt mit dem Fach den Raum.

Die stellvertretende Direktorin, eine freundliche und agile Frau, führte uns durch das Gebäude. In einem Klassenraum gab es ein kleines Museum, in dem sogar in der Gegend gefundene Mammutknochen ausgestellt waren. In einem Raum wurde Begabtenförderung angeboten, ein Lehrer für fünf Kinder. Für uns befremdlich war der »Selbstschutzraum«, der mit Militärzeichen und Plakaten ausgestattet war. Hier unterrichtete ein Reserveoffizier in Kampfanzug den Umgang mit diversen Waffen, was er uns an einer Kalaschnikow demonstrierte.

Max kam in die neunte Klasse, Aneken in die fünfte, Solveig in die siebte, Boike in die dritte, Alex in die elfte, sie wurden jeweils vorgestellt, dann stellte sich jedes Klassenmitglied einzeln mit Namen vor. Sie blieben diesmal nur für eine Probestunde, denn der Unterricht sollte erst am Montag beginnen.

An Nachmittag schlenderten wir zum Hafen; das günstige schwimmende *magasin* war leider weg, das »Kartoffelschiff« war noch da und auch ein »Kleidungsschiff«. Auf dem Rückweg klapperten wir eine Vielzahl von Läden ab, da es keine Schaufenster gab, musste man immer hineingehen. Auffallend war das reichhaltige Angebot an technischen Dingen und Luxusartikeln, wobei ich mich fragte, wie die zu den oftmals doch sehr spartanischen Wohnungen und Lebensweisen der Leute hier passten.

Eines wurde mir bei diesem Spaziergang klar: Man muss etwas besorgen, wenn es gerade da ist, denn Nachschub ist mehr als unsicher. Die Läden sind täglich geöffnet, wie auch die Schule und alle anderen Betriebe. Einkaufen ist fast die einzige Abwechslung im Alltag hier.

Nach dem Abendessen spielten die Kinder noch draußen mit Nachbarskindern. Die beiden Großen wollten abends erstmals zur örtlichen Disko. Wir Alten machten noch einen

Abendspaziergang bei kristallklarem Himmel, Vollmond, Sternenpracht – und Nordlicht, flackernd grün bis türkis! Fantastisch!

27. September – Der erste Schul- und Arbeitstag Ein schöner Tag begann mit Sonne und Frost von –3 °C. Um 6.30 Uhr standen wir auf, für alle stand viel Neues bevor. Gegen 8 Uhr gingen wir los, vor der Schule warteten bereits Bernd, Lars und Charlotte. Alex und Aneken gingen in ihre Klassenzimmer, begleitet von der Kamera. Dann mussten Katrin und ich los, vor dem Klinikeingang trafen auch wir das TV-Team.
Ich bekam erst einmal einen dünnen lindgrünen Kittel, als Legitimierung gewissermaßen. Der Raum maß 2x4 m. Am Fenster stand ein Tisch, an dem sich der Arzt und die Helferin gegenübersaßen. Neben dem Tisch stand der Patientenstuhl, hinter dem ich saß, dazu noch Liege, Schrank, Schreibtisch, Garderobe – in diese Fülle platzten nun wir mit vier Mann plus Ausrüstung …
Und so war hier der Ablauf: Der Patient kam und gab gleich seinen aktuellen Terminzettel sowie seine *kartotschka*, die Krankenakte, die er an der Rezeption erhalten hatte, ab. Er schilderte seine Beschwerden oder wurde nach dem Krankheitsverlauf gefragt. Dann wurde Blutdruck gemessen, teilweise auch Fieber, und daran schloss sich die Untersuchung an. Alles wurde auf ein Aktenblatt vermerkt, welches am Ende von der Helferin in die Akte geklebt wurde. Die Anweisungen oder Medikamente, die verordnet wurden, schrieb die Helferin auf ein Rezept oder eine Überweisung. Verordnete Medikamente holte der Patient dann in der Klinikapotheke, die Arbeitsunfähigkeit wurde offiziell an der Rezeption ausgestellt und konnte erst am Folgetag dort geholt werden.

Die Kinder hatten ihren Tag leidlich überstanden, konnten aber naturgemäß dem Unterricht nur wenig folgen; aber sie waren guten Mutes, und das war das Wichtigste. Dann waren Schularbeiten angesagt.
Katrin ging gegen 17 Uhr mit dem ZDF-Team ins Internat zu ihrem ersten Arbeitstag.

Katrin Rabe: Nenzenkinder

Meine Kindergruppe im Interat besteht aus 56 Kindern, Jungs wie Mädels, die zwischen 10 und 13 Jahren alt sind, ausschließlich Nenzenkinder. Sie sind für die gesamte Pflichtschulzeit im Internat untergebracht, weil ihre Eltern rund ums Jahr durch die Tundra ziehen. Dementsprechend sehen einige Kinder ihre Familie in den nächsten Ferien, andere erst zu Neujahr, ein paar aber auch erst in den Sommerferien wieder.
Die Kinder sind in Zimmern mit 8 bzw. 16 Betten untergebracht. Zusätzlich befinden sich in den Räumen zwei bis drei Schränke und drei Nachtschränkchen. Auch wenn es unglaublich erscheint, reicht den Kindern dieser Platz. In der Regel haben die Jungs und Mädchen jeweils ihre warme Straßen- bzw. Schulkleidung und die leichtere Internatskleidung: traditionsgemäß bei den Jungs die Trainingshose und bei den Mädchen der *chalat*, ein Kittel. Die meisten Kinder werden durch den Staat eingekleidet, da die Eltern das finanziell gar nicht können.
Einmal in der Woche ist Wäschewechsel, am *banja*-Tag, an dem auch geduscht wird. Am Abend werden nur Gesicht und Füße gewaschen. Die täglichen Aufgaben in der Gruppe sind unter den Kindern verteilt: das Fegen der Zimmer und einmal wöchentlich auch das feuchte Auswischen, die Kontrolle und Reinigung der Waschräume und der Küche, bis zum

Nenzenkinder leben die meiste Zeit des Jahres im Internat in Jar-Sale, während ihre Familien durch die Tundra ziehen.

Dienst als »Direktor«. Der Wechsel der Aufgaben erfolgt täglich. Auch die persönlichen Dinge haben die Kinder selber zu regeln: Nähen, Bügeln, Betten beziehen – alles ohne jegliche Hilfe; dafür wurde ich mehrfach gemaßregelt. Sie müssen lernen, sich im harten Leben zu behaupten.

Abends, als es gegen 20 Uhr ans Schlafen gehen sollte, strich ich einigen Kindern liebevoll über den Kopf, wobei sie erst scheu wegzuckten. Die Kinder werden mit viel Liebe, aber ohne jede Zärtlichkeit erzogen, denn das Leben ist auch nicht zärtlich! Nach einiger Zeit aber kamen sie doch und freuten sich auch über diese Geste, und dann begannen sie auch, abends zu erzählen. Fast alle von ihnen hatten schon ein kleines Geschwisterchen ihrer bis zu 16 Brüder und Schwestern

verloren. Schmerz, Krankheit und Tod gehören ganz natürlich zu ihrem Leben.
Immer vor Wetterwechsel merkten wir eine seltsame Unruhe und Aufsässigkeit der Kinder. Als Naturkinder spüren sie den Wechsel, und als es endlich kalt wurde, –8 °C bei eisigem Wind, freuten sie sich und tobten im Schnee, solange es ging.
Gegessen wird in der Kantine, der *stolowaja*, die zentral zwischen den verschiedenen Internatsbauten liegt und zu der geschlossen als Gruppe gegangen wird. Das Essen steht, fertig aufgetischt von älteren zum Dienst eingeteilten Internatskindern, bereit. Die Kinder lieben Brot über alles, aber es wird ihnen nur knapp zugeteilt, um sie auch an anderes, warmes Essen zu gewöhnen. Es gibt davon ein kleines Schälchen, eine kleine Tasse Tee, ein halbes Stück Brot mit Butter. Als ein Junge einmal von seinem Opa etwas Geld bekam, fragte er, ob er ein Brot kaufen könne – für das gesamte Zimmer. Er kam nicht darauf, sich selber Nascherei zu kaufen!
Die Kinder malen hier sehr detailliert. Dabei kopieren sie nach Fotos, denn viele der gemalten Objekte gibt es hier nicht, weder Elefant noch Wald. Auch singen sie gerne.
Die Internatskinder gehören zu mehreren großen Sippen; vier Familiennamen umfassen fast die gesamte Schar der Gruppe! Die Vornamen klingen nicht nur deutlich anders als die russischen, sondern beziehen sich auf Umstände der Geburt: »Maima« = »Sie bringt Freude«; »Sawane« = »Gutes Mädchen«; »Nepapa« = »Papas Tochter«; »Chadne« = »Kam mit dem Schnee«; »Buranko Chadko Metschniko« = »Mit *buran* bei Schneesturm gefahren«. Besonders fiel »Nitsche« auf – »Gehört keinem«; das Mädchen wuchs bei Fremden auf …
In der Tundra dürfen die Kinder bis zu ihrem 5. Lebensjahr spielen, danach fängt der Ernst des Lebens weniger in Form der Schule, sondern in der festen Aufgabenverteilung in der

Familie an. Gespielt wird in Anlehnung an das Erwachsenenleben, d.h. mit kleinen *tschum*-Nachbildungen und Puppen, die aus Entenschnäbeln gemacht wurden. Auch kleine *nartes* (Schlitten) gehören dazu, und Tierpuppen dürfen nicht fehlen. Dabei werden den Kindern schon sehr früh die Achtung vor der Natur und die Liebe zur Tundra beigebracht (und in besonderen Stunden im Internat wird dieses auch fortgeführt). Nenzen nehmen nie mehr aus der Natur, als sie unbedingt brauchen, und von einem erlegten Tier wird bis auf den After absolut alles verwendet, als Nahrung, Kleidung, Gebrauchsgegenstand oder Schmuckstück.

Im *tschum*, dem Zelt, gelten strenge Regeln für alle. Im Winter liegt dem Ausgang der Hund am nächsten, dann folgen die Frau, der Mann und dann die Kinder. Die Kinder dürfen überall hin im Zelt und auf den Schlitten; die Frauen, die als unrein gelten, dürfen nur auf eigene Schlitten. Auch nutzen sie getrennte Geräte, um sich den Schnee aus der Kleidung zu klopfen. Die Trennung geht weiter in der Arbeitsteilung. Ein Mann, der abwäscht, dem fliegt das Geschirr hinterher, d.h. er hat kein Glück bei der Jagd, weshalb kein Mann das tun würde. Auch darf in der Tundra kein Lärm gemacht werden, um die Geister nicht zu stören.

Das Thema Hochzeit hat besondere Bedeutung für die Kinder. Sie wissen, dass die Ehen von den Eltern arrangiert werden. Dabei richtet sich der Wert der Braut durchaus noch nach der Zahl der Rentiere oder heute auch der *burany*, der Motorschlitten. Nach der Schulzeit kehren über 50 Prozent der Kinder zum traditionellen Leben in der Tundra zurück.

Die gemeinsamen Stunden mit den Nenzenkindern erlebte ich als sehr intensive, bereichernde und bewegende Zeit, die mich sehr beschäftigt, wobei sich mir viele Vergleiche zu dem Leben der Kinder in Deutschland aufdrängen.

Tagebuch Karl Rabe – 28. September Heute hatte ich ab acht Uhr Dienst. Es war nasskalt, bewölkt bei 1 °C, wobei erste Schneeflocken fielen. Nach der gestrigen Erfahrung wurde gleich am Anfang das *fortotschka*, das kleine Lüftungsfenster, geöffnet. Der erste Patient erschien und nahm Platz. Blutdruckkontrolle war wichtig, und bei der Befragung des Patienten wurde immer auf dessen ursächliche Einschätzung geachtet. Aber ich vermisste ein einfühlsames Wort, eine persönliche Nachfrage, irgendeine menschliche Regung.
Der Kollege war *terapewt*; aber anders, als ich es erwartet hätte, behandelte er ausschließlich durch Tablettenvergabe. Es hatte sich aber schon herumgesprochen, dass ich anders behandele, und so kamen schon speziell Patienten deswegen zu *gospodin* Rabe, vor allem Schmerzpatienten. Es waren etwa 15 Minuten pro Patient eingeplant, und unter den Bedingungen entstand keinerlei Stress. Kurz vor 13 Uhr waren wir fertig.

30. September Heute besuchten wir das örtliche Heimatmuseum. Untergebracht ist es im Gebäude der früheren Parteizentrale, einem hellblau gestrichenen Holzhaus. Sascha, der Führer, zeigte uns in den drei Räumen viele Exponate auf engem Raum. Neben zahlreichen alten Fotos gab es Karten und Modelle, welche die Geschichte der Nenzen und des Ortes, aber auch die Besiedlung der Jamal-Halbinsel erläutern. Weiterhin waren ausgestopfte Tiere und Mammutknochen zu sehen. Sascha ist ein präziser Kenner der Ausstellung und konnte alles gut erklären.
So erfuhren wir, dass die Nenzen aus zwei Stämmen bestehen: einem hellhäutigen, blonden und blauäugigen Anteil sowie aus dem – im Straßenbild dominanten – mongoloiden. Auch erfuhren wir, dass sowohl die zahlreichen Neubauten

Max Rabe lernte in Sibirien nicht nur fürs Leben, sondern unterrichtete auch Nenzenkinder in Englisch.

als auch die befestigten Straßen erst seit 2000 entstanden sind, davor war alles nur mit Sand oder Brettern ausgelegt. Dadurch, dass wir schon im *tschum* gelebt hatten, konnten wir es besser zuordnen. Ein vom örtlichen Schamanen gesegneter heiliger Platz im Museum rundete alles ab; hier opferten sogar durchziehende Nenzen in der Hoffnung auf Wohlergehen bei der Reise.

2. Oktober – Lehrertag Alex und Max waren heute Ersatzlehrer für Englisch, wozu sie sich feierlich mit Schlips anzogen. Auch Solveig und Boike von der zweiten Schicht sollten heute früher zur Schule.

Am Nachmittag gingen wir zur Festveranstaltung, die in der Aula der Schule stattfand, gebaut wie ein modernes Kino mit bequemen Stühlen in ansteigender Anordnung, groß, hell, mit allen modernen technischen Hilfsmitteln. Die Bühne war mit einer Reihe bunter Luftballons geschmückt, an der Rückwand ein großes Schild: »*Djen utschitelja*« (Tag des Lehrers). Die Aula war fast vollständig gefüllt, und eine Reihe Honoratioren aus dem Ort sowie von der Provinzregierung waren anwesend und gaben Grußadressen. Verschiedene Auszeichnungen wurden verliehen. Es wurde in höchsten Tönen ein Loblied auf die Lehrer gesungen; die standen alle auf einmal auf, und es war erstaunlich, wie viele es insgesamt waren. Eingestreut waren verschiedene musikalische und tänzerische Darbietungen von Kindergruppen aller Altersstufen sowie auch einzelner Lehrer, teilweise in farbenfrohen Kostümen. Die gesamte Veranstaltung dauerte zwei Stunden ohne Pause, und sie war recht unterhaltsam. Ein Lied war besonders, vorgetragen von drei Jungen aus Anekens Klasse. Im Refrain verstand ich »Putin« und »Stalingrad«, und diese Zeile wiederholten sie für uns auf Deutsch: »Wir lieben Putin und Stalingrad«! Ich verstand das als Hommage an das neue Russland.

Abends gingen wir zum »Seniorentanz«. Eine typische »Russendisko« – Herr Kaminer hätte seine Freude daran gehabt! Im Tanzsaal ohrenbetäubende russische Diskomusik, begleitet von einer Lichtanlage modernster Bauart. Die ersten Tänzer waren vier Damen, die im Kreis solo tanzten. Als sich nach einiger Zeit mehr auf die Tanzfläche trauten, tanzten alle in derselben Weise, bei zunehmender Alkoholeinwirkung immer ausgelassener.

4. Oktober Heute Morgen leichter Frost, und es hatte nachts wenige Flocken geschneit. So war der Weg zur Arbeit wenigstens trocken und nicht so matschig.
Heute kam die – lange erwartete – Susanne Becker vom ZDF, die uns mit einer Redakteurin der Zeitschrift »Freundin« besuchte. Ein längeres Gespräch sollte ein Meinungsbild über die bisher verlebte Zeit ergeben.
Als Katrin dann spät und erschöpft nach Hause kam, berichtete sie, dass sie im Internat heute über Deutschland erzählt hatte und sich die Kinder interessiert gezeigt hatten.

6. Oktober 2 °C Frost, dazu bedeckter Himmel und leichter Schnee; es sieht so aus, als ob jetzt der Dauerfrost anfangen würde. Herrlich klare Luft auf dem Weg zur Arbeit und endlich kein Matsch.
Am Nachmittag kam Pascha mit der »Freundin«-Redakteurin. Er machte ein paar Bilder drinnen und draußen, während sie ein paar Fragen stellte. Katrin musste gleich anschließend zum Dienst, und Alex begleitete sie, da ihm eine Mitschülerin angeboten hatte, ihm Russisch beizubringen. Abends kam Susanne Becker noch mal vorbei, um ein paar Dinge zu besprechen. Es war ein netter Abend, an dem wir auch viel über Hintergründe des *Sternflüstern**-Projektes erfuhren.

7. Oktober Heute Morgen war es weiß und stellenweise sehr glatt, aber mild. Ich fragte die Kollegen in der Klinik, weshalb wir hier permanent so müde waren. Chabibulla meinte, es läge daran, dass es hier fast das ganze Jahr keine Vegetation gäbe und daher auch keine Sauerstoffproduktion. Sein Bruder konnte uns weiterhelfen: Er berichtete von einem wissenschaftlichen Institut in Nadym, das sich mit dieser Frage beschäftigt. Es ist wohl so, dass der Sauerstoffgehalt nur

80 Prozent des normalen Gehaltes auf Meereshöhe ist, messbar an von ihm benannten Blutwerten. Das erklärte ein wenig unsere Müdigkeit.
Die Beschwerden meiner heutigen Patienten waren meist gleich: Kopfschmerzen, Rückenschmerzen und Kreuzschmerzen (in dieser Reihenfolge – zu Hause ist es umgekehrt). Heute wurde mir erstmals bewusst, wie anatomisch anders die Nenzen gegenüber den Russen sind: Erstens sind sie meist viel kleiner, dabei aber sehr kräftig gebaut. Zweitens sind Arme und Beine deutlich kürzer im Verhältnis. Drittens haben alle meine Patienten eine gerade Brustwirbelsäule (die im Idealfall leicht gekrümmt sein sollte). Das alles hatte zur Folge, dass ich meine Griffe ändern musste, da ich die notwendigen Hebelwirkungen nicht wie zu Hause erreichen konnte. Nachdem ich das aber begriffen und umgesetzt hatte, ging die Arbeit leichter von der Hand, auch für mich selbst.
Inzwischen bleibt der Schnee auch liegen, und draußen ist eine richtig schöne Winterlandschaft, über die sich alle freuten. Boike und die Mädchen veranstalteten eine Schneeballschlacht mit den Nachbarskindern.

12. Oktober – Einblicke und Erkenntnisse Das Wetter scheint sich zu ändern. Wir hatten auf der Veranda –8 °C und Eisblumen an den Fenstern. Jetzt scheint es Zeit, sich auf mehr und dauerhafte Kälte einzustellen.
Aneken ist heute bei einer Schulfreundin zu Hause gewesen. Erst dieses Mal hat sie erkannt, dass das Zimmer, das Aneken für das Zimmer der Freundin hielt, Schlaf- und Wohnzimmer für vier Menschen ist und niemand in der Familie ein eigenes Zimmer hat. Auch andere Dinge waren zu teilen. Das hat sie so nachdrücklich beeindruckt, dass sie viele ihrer Sachen für diese Freundin hier lassen will.

13. Oktober – Zahltag Es waren –4 °C auf der Veranda, und draußen wehte eisiger Wind bei –10 °C. Auf dem Heimweg von der Arbeit sahen wir Max in einer Gruppe Jugendlicher – alle mit einer Plastikblume in der Hand! Als er nach Hause kam, berichtete er, dass die ganze Klasse zu einer Klassenkameradin gegangen war, deren Vater sich in der Nacht erhängt hatte. Der Tote lag noch auf dem Boden, in einen Teppich eingewickelt. Um ihn herum standen Lebensmittel. In einem Auge lag eine Münze. Jedes Kind saß kurze Zeit neben ihm und hielt eine Art Totenwache. Jeder Gast bekam ein Stück Konfekt zu essen. Max war sichtlich geschafft von dem Anblick und der ganzen Situation. Der Mann war lange arbeitslos gewesen, nachdem seine *Sowchose* Pleite gegangen war, die Frau arbeitete als Krankenschwester. Wir waren alle sehr betroffen.

Winterspaß für die Kinder: Schneeballschlachten oder Radfahren auf der vereisten Dorfstraße von Jar-Sale

Als Katrin vom Internat nach Hause kam, war auch sie bedrückt. Heute war Zahltag gewesen (hier wird bar ausgezahlt), und alle waren niedergeschlagen wegen der geringen Auszahlungssumme. Eine Erzieherin hatte ihr von ihrem Leben erzählt:
Sie kam ursprünglich aus Omsk. Ihr Mann war einheimisch und aus Nachbardörfern umgesiedelt, Jahrgang 1961. Als Kind wohnte er in einer Erdbehausung und musste oft hungern. Jung verheiratet, wohnte er mit Frau und zwei Kindern in einer Einzimmerwohnung mit Küche; Wasser, Abwasser und Toilette waren auf der Straße. Erst vor zwei Jahren wurde ihnen eine Dreizimmerwohnung im Neubau zugewiesen. Vom ausgezahlten Lohn, 9500 Rubel, werden 5000 für das tägliche Leben benötigt, 4000 braucht der Sohn in Tjumen für das Studium und etwas schickt sie ihrer Mutter, die Rentnerin ist, nach Omsk. Die verbleibenden 500 Rubel (etwa 15 Euro) konnten für Extras verplant werden. Ihr Mann ging zusätzlich jagen und fischen.
Wie unterschiedlich ist doch das Maß für Zufriedenheit – und wie wenig Grund zur Dauerklage hätten wir in Deutschland.

16. Oktober – Banja Wintereinbruch mit –15 °C, die Motorschlitten machen einen ordentlichen Krach und Gestank. Bei strahlender Sonne pfiff ein eisiger Wind und blies den Schnee durch die Straßen. Um einige Hausecken musste man sich richtig gegen den stärker werdenden Nordwind lehnen. Gleichzeitig war kristallklare Sicht, jedenfalls da, wo der Schnee nicht flog. Der heutige Sonnenuntergang war wieder traumhaft, und wieder sah man über der am Horizont verschwindenden Sonne eine senkrechte, jetzt intensiv orange gefärbte Säule von Eiskristallen gegen den tiefblauen Himmel.

Wir beiden Alten wurden am Abend abgeholt – in die *banja*. Igor, einer der Fahrer des Teams, brachte uns zum Wasserwerk, wo er offenbar Nachtdienst hatte. Dort hatten sich die Männer eine eigene *banja* gebaut. Einfach bis provisorisch aussehend, klein, aber alles da, was nötig war, und es war mehr als gut eingeheizt. Wir hatten alles für uns allein, und es war herrlich. Das Hautschlagen mit dem feuchten Birkenbesen war sehr angenehm und in keiner Weise schmerzhaft, die Haut kribbelte danach angenehm.

18. Oktober Heute waren zwei neue Kollegen im Krankenhaus (beide heißen Andrej). Einer war »freiwillig« aus wirtschaftlichen Gründen hier. Sein Vater war 1943 direkt von der Front weg ins Lager verbannt worden; er folgte den Deutschen, die er ein halbes Jahr vorher besiegt hatte, in dasselbe Lager! Gleiches geschah dörferweise mit der gesamten Volksgruppe, und erst 1956 wurden sie von Chruschtschow rehabilitiert und durften zurückziehen – zumindest die Überlebenden ...
Der andere Kollege arbeitete als Notarzt. Er hatte sich militärisch hochgedient und wurde auf dem zweiten Bildungsweg Arzt. Ich hatte schon vorher von drakonischen Zuständen in der Sowjetarmee gehört, die er ungewollt bestätigte. Seine Vorfahren, Adelige mit deutsch klingendem Namen (vielleicht Balten?), wurden 1937 standrechtlich erschossen, nur einer überlebte – sein Vater.
Da der Kollege regelmäßig über die Gegend flog, berichtete er über einige von ihm gesehene Lager und zeichnete sie uns recht genau auf. Wenn hier mal jemand zu erzählen beginnt, egal aus welchem Grund, dann kommt sehr schnell eine Tragödie ans Tageslicht, und in den meisten Fällen hat man sich damit – meist resignierend – arrangiert: *normalno*!

Obwohl er seine Hände bei –30 °C verlor, meistert Kapitän Wolodja seinen Kutter auf dem sibirischen Ob ohne Probleme.

STANISLAW KRZEMINSKI

Menschen des Nordens 2: Das Eis

Wolodja kam hier, in Jar-Sale, auf die Welt. Seine Eltern hatten sich auch hier kennen gelernt, obwohl sie beide aus dem europäischen Teil der früheren Sowjetunion stammen. Seine Familie lebte arm – zwei kleine Zimmer ohne Bad für Eltern und vier Kinder. Der Vater erzählte seinen Kindern nur wenig davon, wie er in den Norden kam. Erst als Wolodja erwachsener wurde, riet der schon alte Gregor seinem Sohn, der beste Beruf im Land der Bauern und Arbeiter wäre Milizionär. Auf die Frage »Warum?« erhielt Wolodja eine lakonische Antwort: »Glaube mir, Sohn, ich weiß es aus eigener Erfahrung. Es würde mir und euch besser im Leben gehen, wäre ich nicht als Bewachter, sondern als Bewacher hierher gekommen.« Das war alles, was der Vater seinem Sohn über das Leben zu sagen hatte.

Wolodja hörte auf seinen Vater. Mit 23 wurde er Milizionär. Erst arbeitete er auf der Wache, dann auf dem Milizkutter, der in den Sommermonaten die Schifffahrt auf dem Ob kontrollierte. Das Revier der Flussmiliz in Jar-Sale umfasste damals etwa 200 km Wasser: 100 km westlich in Richtung Salechard und 100 km östlich und weiter nördlich zum Ozean. Solange es noch die UdSSR gab, gab es auch keine Probleme mit Treibstoff für den Milizkutter. Später wurde das Revier um die Hälfte verkleinert, und in den letzten Jahren blieben von den anfangs 200 km Ob nur 50 zum Bewachen übrig. Im Sommer raubten die illegalen Fischer den Wächtern den Schlaf. Im Winter patrouillierten die Milizionäre auf Schneefahrzeugen die Eisdecke auf dem Fluss, prüften die Eisstärke und markierten sichere Winterwege auf dem Eis.

An einen besonderen Tag erinnert sich Wolodja ganz genau. Es war Anfang März 1995. Der wunderschöne Sonnenaufgang kündigte einen angenehmen Tag an. Es war windstill, also waren die –20 °C auch erträglich. Am frühen Morgen kam jemand auf die Wache und sagte, seine zwei Brüder wären vom Fischen nicht zurückgekommen. Vor drei Tagen seien sie mit ihrem *Buran* (ein populäres russisches Schneefahrzeug) rausgefahren und wären bis heute nicht wiedergekommen. Ausnahmsweise sprang an diesem Morgen das Schneefahrzeug, das die Miliz zur Verfügung hatte, leicht an. Wolodja kannte die Launen des Flusses und nahm deshalb zur Sicherheit einige Bretter mit. Nach vier Stunden Fahrt durch das zugefrorene Flussbett bemerkte er in weiter Entfernung dunkle Gestalten auf dem Eis. Als er näher kam, bestätigten sich seine Befürchtungen – von dem auf dem Eis aufgebauten Zelt trennte ihn ein fast zwei Meter breiter Wasserspalt. Eine riesige Eisscholle schnitt die beiden Männer von der Welt ab.

Wolodja legte die Bretter über den Spalt und ging vorsichtig auf die andere Seite. In dem Zelt gelang es ihm erst nach einer längeren Weile, die beiden aneinander gekrallten Brüder aus ihrer Starre wachzurütteln. Der kleine Ölofen mit dem Rest an Treibstoff spendete noch etwas Wärme. Doch der Hunger, die Hoffnungslosigkeit und die Benzindünste hatten den Männern das Bewusstsein genommen. Wolodja konnte sie auf die sichere Seite führen. Am Zelt blieb jedoch noch der kaputte *buran* der Brüder stehen. Sie wollten ihn auf keinen Fall da lassen. Wolodja hatte noch Kraft und bat die Brüder, die Bretter festzuhalten, wenn er das Fahrzeug rüberschieben würde.

An Einzelheiten kann sich Wolodja heute nicht mehr erinnern. Er ist sich nicht sicher, ob die Brüder die Bretter haben fallen lassen oder ob er ausgerutscht war. Fest steht, dass die Bretter und der *buran* ins Wasser fielen. Wolodja konnte rechtzeitig zurückspringen. Seine dicken Handschuhe waren vom eiskalten Wasser nass. Jetzt war er hinter dem Eisspalt gefangen. Auf der sicheren Seite machten sich die zwei Brüder auf Wolodjas *buran* auf den Weg, Hilfe zu holen. Einige Stunden später brach das Wetter zusammen, die Temperatur fiel bis fast –30 °C, es wehte ein eiskalter und starker Wind. Der Treibstoff für den Ofen war ziemlich schnell alle.

Familie Rabe auf dem Weg zu den Fischernomaden in der Tundra: Gute Einstimmung auf die kommenden Härten

Wolodja wachte im Krankenhaus auf. Seine Hände, vor allem die Finger taten ihm sehr weh. Als er sie auf Augenhöhe hob, sah er, dass die Hände dick verbunden waren und irgendwie kürzer erschienen. Eine Weile lang starrte Wolodja auf die weißen Stümpfe und biss die Zähne zusammen, um nicht zu schreien. Zu gut kannte er den Norden, um daran zu zweifeln, was passiert war ...

Wolodja war jetzt körperbehindert, wurde auf Rente geschickt und fing an zu trinken. Die Preise stiegen ohne Ende, doch seine Rente blieb auf dem Ausgangsniveau. Wolodja beschloss, wie er selbst mit einer Prise russischer Selbstironie sagt, »sein verkrüppeltes Schicksal in seine verkrüppelten Hände zu nehmen«. Er sammelte alle eigenen Ersparnisse und die seiner Frau, borgte so viel wie nur möglich von der Familie und kaufte der Miliz ein Kutterwrack ab. Fast ein ganzes Jahr lang renovierte er es und brachte seinen Krüppelhänden Gehorsam bei. Schließlich fuhr er das erste Mal auf den sibirischen Ob hinaus.

Wenn jemand etwas auf dem Fluss transportieren oder in eine der vielen Siedlungen in den zahlreichen Ob-Abzweigungen gelangen muss, oder einfach zum Fischen in die gigantische Flussmündung ausfahren will, muss er nur in Jar-Sale nach Wolodja fragen. Er erzählt seine Geschichte nicht gerne, doch mit seinem Kutter bringt er bestimmt jeden genau dahin, wohin er gerade möchte.

LARS HAUCK

Sibirien – Ein Mythos und eine Herausforderung

Mit gemischten Gefühlen steige ich im Juni 2004 zusammen mit unserem Regisseur Bernd Reufels in ein Flugzeug Richtung Osten. Wir wollen uns einen ersten Eindruck über den Schauplatz für unsere neue Doku-Saga *Sternflüstern** – Jenseits des Polarkreises verschaffen. Die kaum verblassten Erinnerungen an die Menschen und die Natur am Baikalsee werden sofort wieder lebendig. Voll gespannter Neugierde auf den rauen Norden Russlands signalisiert mir mein Bauch ganz deutlich, dass uns wieder ein echtes Abenteuer bevorsteht.

In Moskau erleben wir am Abend eine vertraute Szene: In einem für Russland typischen Hotelimbiss, mit viel zu lauter Popmusik, sitzt eine gelangweilte Bardame hinter dem Tresen und füllt abstruse Listen aus. Sie verbreitet eine spröde Freundlichkeit und schenkt reichlich Wodka aus. Hier gibt es die erste Besprechung mit unserem Produzenten Stanislaw Krzeminski und unserer russischen Produktionsleiterin Lena Petlarskaja.

All die Gedanken, die jedem von uns im letzten Jahr durch den Kopf gegangen waren, werden in der gemeinsamen Diskussion endlich ausgesprochen. Aus den russisch-deutsch-

französischen Wortfetzen fügt sich schließlich ein Ganzes zusammen. Da wir uns beim letzten Projekt sehr gut kennen lernten, hat sich viel Vertrauen aufgebaut. Ich bin mir sicher, dass wir wieder alle unser Bestes geben würden, da *Sternflüstern** für jeden von uns ein ganz persönliches Projekt ist, in welches all unser Herzblut einfließt.
Am nächsten Morgen sitzen wir wieder in einem Flugzeug – diesmal Richtung Norden, Polarkreis, Salechard – unserem Tor zu einem neuen Abenteuer. Hier wollen wir erfahren, wie die Menschen jenseits des Polarkreises leben. In einer Region, in der es kaum menschliche Siedlungen gibt und Nomaden seit Jahrhunderten mit ihren riesigen Rentierherden die Tundra durchstreifen.
Das Flugzeug durchbricht die Wolkendecke und zum ersten Mal wird der Blick frei auf die unendlichen Weiten der Tundra. Fast scheint es so, als ob es hier mehr Wasser als Land gäbe. Nur vereinzelt sieht man kleine Inseln, die in immer neuen Variationen eine einmalige Landschaft bilden. Dieser Anblick ist so atemberaubend, dass er sich wohl für immer in mein Gedächtnis eingebrannt hat. Mit nichts, was ich bisher gesehen habe, ist diese Landschaft vergleichbar.
Salechard – eine Stadt im Nichts und doch überraschend modern. Es gibt ein Eisstadion und das *Polaris-Center* mit Internetcafé, Videothek und Hamburgern. Außerdem ganz moderne Bauten gleich neben den Holzhäuschen am Hafen. Die Gegend ist sumpfig und von Wasser durchsetzt. Straßenverbindungen zu den kleinen Siedlungen im Norden gibt es keine mehr. Im Winter kann man hier über die zugefrorenen Flüsse fahren.
Die letzten Kilometer muss man mit einem Schiff oder Hubschrauber zurücklegen. Mit einem MI-8 – einem altbewährten russischen Transporthubschrauber – fliegen wir nach

Nowi Port. Eine kleine Siedlung ca. 300 km nordöstlich von Salechard auf der Jamal-Halbinsel.
Die Menschen dort leben hauptsächlich vom Fischfang. Unter Stalin haben Zwangsarbeiter einen gigantischen langen Stollen tief in den Permafrost gegraben. Das zweitgrößte Kühlhaus der Welt. Die Einwohner, teils Russen, teils Nenzen, leben in alten Holzhäusern. Überall gibt es Holzstege, weil die unbefestigten Straßen nach jedem Regen zu einem schier unüberwindlichen Schlammbad werden, die teilweise auf abenteuerlichen Stützen ruhen und die einzige Verbindung im Dorf darstellen.
In Nowi Port gibt es einen kleinen Hafen am Ufer des Ob. Hier ist der Fluss etwa 60 km breit und noch Mitte Juni treiben gigantische Eisschollen auf ihm.
Die Menschen, die wir hier treffen, sind aufgeschlossen und freundlich. Einer von ihnen ist Wassili, ein gewiefter Geschäftsmann, der es schon zu Sowjetzeiten zu einem bescheidenen Wohlstand gebracht hat. Er konnte immer die Dinge heranschaffen, die gerade gebraucht wurden – und so ließ man ihn gewähren, als Kapitalist im real existierenden Sozialismus. Stolz erzählt er uns aus seinem Leben und gibt dabei immer wieder den Blick auf eine ganze Front von Goldzähnen frei. Aber es schlägt auch ein großes Herz in seiner Brust. Und so lässt er alle, die nicht gleich bezahlen können, anschreiben. In seinem Buch füllen die Namen seiner Schuldner viele eng beschriebene Seiten. Jetzt, im Alter von 66 Jahren, ist Wassili an Parkinson erkrankt.
Voll von Eindrücken von unseren ersten Begegnungen mit den Menschen aus Jamal, fliegen wir weiter in den Norden. Wir hatten gehört, dass im Umland einer geologischen Wissenschaftsbasis Nomaden durch die Tundra ziehen. So schließen wir uns einer eintägigen Expedition an.

Hier oben hat der Ob noch eine geschlossene Eisdecke. Der Wind, der die Feuchtigkeit des verdunstenden Eises aufnimmt, bläst uns ständig direkt von vorn ins Gesicht. Eine Düsenturbine, angetrieben mit Erdgas, versorgt die Siedlung mit Strom. Trostlos scheint das Leben hier. Diese Menschen, die inmitten von technisch schwerem Gerät leben, tun mir Leid. Alles ist nur funktional. Alles, was eine gewisse Lebensfreude repräsentiert, fehlt.
Ich stelle mir vor, wie es hier wohl im Winter ist. Wenn die polare Nacht hereinbricht, wird es wochenlang gar nicht mehr hell. Ein eisiger Wind fegt dann über das flache Land und jeder Schritt vor die Tür wird zum Überlebenskampf.
Am nächsten Tag treffen wir Sergei, den Leiter der Expedition. Nach einer kurzen Diskussion willigt er ein, uns mitzunehmen. Als wir im Hubschrauber unseren Platz gefunden haben, werden von einem Lkw Ferngläser, Nahrungsmittel, Wodka und Zigaretten eingeladen. Jetzt wird uns klar, dass es sich nicht um eine rein wissenschaftliche Expedition handelt. Wir starten, müssen aber nach kurzer Zeit wieder landen, weil der Nebel inzwischen einfach zu dicht geworden ist. Jeder Weiterflug scheint selbst für unseren erfahrenen russischen Piloten unmöglich.
Sergei lädt uns zu sich nach Hause ein, um bei einem schwarzen Tee die Wartezeit zu überbrücken. In seiner kleinen, karg eingerichteten Wohnung erzählt er uns von sich, seiner Frau und seinen Töchtern, die beide in Moskau wohnen. Und er berichtet über die Nenzen und deren Begegnung mit der Zivilisation.

Rechts: Land der Verheißung, Land der Verbannung – ewig weit, bitterkalt. Sibirien – ein Mythos. Und ein großes Abenteuer ...

Links: Wasser, Sümpfe, Einsamkeit – Die frühen Entdecker nannten die Tundra »das fünfte Element«.

Vorige Doppelseite und unten: Das Uralgebirge – die Grenze zwischen Europa und Asien. Dahinter beginnen die Weiten Sibiriens.

Rechts und unten: Aus der Vogelperspektive deutlich zu erkennen: Die Tundralandschaft ist von vielen Seen und Flussläufen durchbrochen.

Links: Rentiere bilden die Lebensgrundlage der sibirischen Nomaden. Sie liefern Nahrung, Kleidung, Transportmittel.

Oben: Die Eisenbahn ist im einsamen Norden Sibiriens die Nabelschnur zur Außenwelt – endlose Strecken, die Tausende Zwangsarbeiter in die Eiswüste schlugen.

An seiner Mündung ins arktische Meer ist der Ob fast 90 km breit. An seinen Ufern gibt es weite Tundra und einige wenige Siedlungen, die man nur mit dem Hubschrauber oder vier Monate im Jahr auch mit dem Schiff erreichen kann.

Links: Sonnenuntergang
im Hafen von Nowi Port an
der Ob-Mündung

Vorige Doppelseite und unten: Das Leben der Nomadenfrauen und -mädchen ist streng geregelt. Zeltaufbauen ist Frauensache, Rentierschlachten Männersache.

Rechts: Im Zeltinneren ist alles Frauensache. Gemäß Überlieferung dürfen Frauen keinesfalls hinter das Zelt treten, sonst bringen sie ihrer Familie Unglück.

Links: Familie Rabe blickt aus dem Hubschrauber fasziniert auf ihre neue Heimat: Jar-Sale auf der Jamal-Halbinsel am Polarkreis.

Unten: Rentiergeweihe werden auf den Märkten hoch gehandelt.

Oben: Die Dorfstraße von Jar-Sale mit der neugebauten russisch-orthodoxen Kirche

Links außen: Weg durch die Tundra. Schmilzt das Eis, verwandelt sich der Dauerfrostboden in eine Schlammwüste.

Links: Erik Studte auf dem Weg zur Arbeit in der Kolchose von Jar-Sale.

Rechts: Kathrin Studte holt Beeren aus der Tundra.

Unten: Die Schule von Jar-Sale steht für die Modernisierung der Region.

Rechts: Jana Studtes erster Schultag in Jar-Sale. Hier fand sie neue Freundinnen.

Oben: Jana Studte beim Sportfest in der Tundra. Noch ist die Kälte erträglich.

Links: Kathrin Studte hilft im Kindergarten aus und staunt über die Disziplin der Nenzenkinder.

Rechts: Leben wie die Sibirjaken jenseits des Polarkreises. Das wollten auch die Familien Rabe und Studte – zumindest auf Zeit.

Links: Erik, Kathrin und Jana Studte fahren in einem kleinen Boot den Ob entlang und genießen die sibirische Weite.

Links und oben: Erik Studte liebt die Jagd und freute sich darauf, mit den Männern von Jamal in der Tundra zu jagen.

Vorige Doppelseite: In der Polarnacht macht sich Familie Rabe auf den Weg zum *tschum*, dem Zelt, das sie mit Fischernomaden teilt.

Oben: Nachdem Alex Rabe alle Männer-Arbeiten mitgemacht hat, ist er akzeptiert und darf beim Essen bei den Nenzen sitzen.

Rechts: Eine Herausforderung für Alex Rabe – rohes Rentierfleisch essen

Links: Das *tschum* ist ein Spitzzelt von etwa 6 m Bodendurchmesser. Hier sollen Rabes und die Nenzenfamilie Platz finden …

Unten (v.l.n.r.): Aneken, Boike, Alex, Max, Solveig, Katrin und Karl Rabe: Das Sibirien-Abenteuer hat sie zusammengeschweißt.

Rechts: Vor den Schlitten werden nur die kräftigsten Rentiere gespannt. Die Männer suchen sie auf dem Sammelplatz aus. Dabei müssen auch die Kleinsten helfen (unten).

Rechts: Die Fische werden getrocknet, um Proviant für die langen Wintermonate am Polarkreis zu haben.

Links: Erst die Russen brachten – neben dem Wodkatrinken – den Nomaden das Brotessen bei. Nach jeder Flussüberquerung muss das Brot zum Trocknen ausgelegt und am Ende des Tages wieder eingepackt werden.

Rechts: Familie Studte freute sich auf ihr Tundra-Abenteuer. Auf Ausflügen im Schnee machte sie sich mit der Landschaft vertraut.

Links: Kathrin Studte in Nomadenkleidung beim Holzsammeln: Schwerer, langer Fellmantel und Stiefel schützen bei –20 °C.

Unten: Eine Fahrt auf dem unbequemen Schlitten durch die eiskalte Tundra ist nur etwas für Geübte.

Links: Die *Sternflüstern**-»Großfamilie« in der Tundra

Leben und Sterben in der Tundra. Die Nenzen (unten auf Fellen im *tschum* sitzend) bestatten ihre Toten über der Erde (rechts).

Tradition und Moderne am Polarkreis: Die Frauen auf der Jamal-Halbinsel haben gelernt, mit widrigen Bedingungen, wie weiten Wegen durch die Tundra (links außen) und improvisierten Kinderwagen (links), zurechtzukommen.

Folgende Doppelseite: Wilder Ural, Mythos Sibirien: Eine völlig fremde Welt, die uns Deutsche seit jeher auf widersprüchliche Weise fasziniert

Einfache Leute seien das, sagt er, die, weit weg von den bewohnten Siedlungen, wie vor 100 Jahren leben würden. Aber jene, die mit der Zivilisation in Kontakt gekommen sind, haben sich an bestimmte Konsumgüter gewöhnt. Speziell der Wodka sei da ganz schlimm, weil sie ähnlich wie die nordamerikanischen Indianer eigentlich keinen Alkohol vertrügen. Die Abhängigkeit zwinge sie dann dazu, sich in den Siedlungen niederzulassen und das traditionelle Leben aufzugeben. Helfen wolle er ihnen. Und weil sie zu stolz seien, Almosen anzunehmen, treibe er mit ihnen Handel. So versorgt er sie mit Gütern aus der Zivilisation und ermöglicht ihnen damit ein Leben in der Freiheit der Tundra. Er tauscht Rentiergeweihe, die er dann an Japaner verkauft, gegen seine Waren.

Das Wetter wird besser und wir fliegen los – über unendliche Weiten. Nach einer Stunde sehen wir unter uns Zelte und setzen zur Landung an.

Die erste Begegnung mit den Ureinwohnern. Zwei Zelte aus Rentierfellen, einige Holzschlitten und muntere Rentiere – eine kleine Familie begrüßt uns herzlich. Faszinierend sind die Gesichter der Nomaden. Selbst sehr alte Menschen wirken durch ihre Ausdruckskraft viel jünger. Sie wirken ungebrochen und selbstbewusst, treten uns fliegenden Männern mit einer absoluten Gelassenheit entgegen.

Sie steigen in den Hubschrauber, um die Waren zu besichtigen. Es wird gefeilscht, diskutiert und gelacht. Kisten mit Lebensmitteln, Seilen, auch ein Fernglas wird ausgeladen – aber kein Wodka. Dann werden Rentiergeweihe gewogen und in dem Hubschrauber verstaut. Ich bin überwältigt von die-

Links: Abendstimmung in der Tundra – Die Familien genossen die herrlich klare Luft, den tiefen Frost und die menschlichen Begegnungen.

sem Moment. Inmitten der unendlichen Weite der Tundra stehe ich diesen unglaublich fremden und doch vertrauten Menschen gegenüber. Mich überkommt eine tiefe Vorfreude bei dem Gedanken, dass ich schon bald eine längere Zeit mit ihnen teilen werde.

Wir fliegen weiter. Von einer Familie in einem anderen Nomadendorf werden wir zum Essen eingeladen. Sie haben gerade ein Rentier geschlachtet. In seinem Brustkorb hat sich Blut gesammelt. Mit etwas Salz gewürzt tunken die Nenzen rohe Fleischstücke in das Blut. Ein Festessen, wie uns lebhaft versichert wird.

Wir fliegen weiter und lernen noch viele Nomadenfamilien kennen. Eine von ihnen tauscht ihre gesamten Rentiergeweihe gegen Wodka ein. Zweifel kommen in mir auf, ob diese große Idee des Helfens vielleicht nur eine Art Gewissensberuhigung für Sergei ist. Bisher haben wir in der Tundra keine einzige Siedlung gesehen – und ich wundere mich, wie die Ureinwohner wohl zum ersten Mal mit Alkohol in Berührung gekommen sind ...

Wie so oft in Russland stellt sich mir die Frage nach der Moral. Doch immer, wenn ich glaube, etwas einordnen zu können, kommt eine neue Dimension hinzu. Ich bin mir nie ganz sicher, wann und ob ich am Ende dieser Kette angekommen bin oder ob eine neue Erkenntnis bald alles wieder in einem anderen Licht darstellen wird. Es ist sehr leicht, moralisch zu urteilen, wenn man aus unserer Wohlstandsgesellschaft in eine Welt eintritt, in der Menschen täglich ums Überleben kämpfen. Vielleicht ist es ja genauso unmoralisch, diese andere Welt mit unseren Wertvorstellungen begreifen zu wollen.

Dieser Tag mit Sergei, dem fliegenden Händler, hat mich zutiefst bewegt. Ich kann am Abend lange nicht einschlafen und sinniere über die zivilisierte Welt, die Verführungen des Konsums und die Zerbrechlichkeit der Kultur der Naturvölker. Wenn solch eine jahrhundertealte Kultur von der Landkarte verschwindet, dann ist sie für immer verloren und die Welt ist ein Stück ärmer.

Unsere Reise geht weiter nach Jar-Sale, einer kleinen Siedlung zwischen Nowi Port und Salechard. Auf den ersten Blick wirkt Jar-Sale sehr modern. Man hat eine neue Schule gebaut und ein Tuberkulosezentrum. Unter den Menschen ist Optimismus zu spüren.

Auch hier setzt sich die Bevölkerung aus Russen und sesshaft gewordenen Nenzen zusammen. Lena stellt uns Kyrill vor. Einen jungen Nenzen, der mit seiner Frau in einer kleinen Wohnung lebt und ab und zu mit den Nomaden in die Tundra zieht. Ein faszinierender Mann mit hellwachen Augen. Am Abend lädt er uns zu einer kleinen Spritztour in seinem Motorboot ein. Wir besuchen eine kleine Siedlung, an dessen Rand Zelte von Nomaden stehen, die hier kurz Halt machen, um sich mit Lebensmitteln zu versorgen. Eine ungewöhnliche Mischung aus Ursprünglichkeit und Zivilisation. Von hier aus geht es weiter zu einem Nenzenstamm, der vom Fischfang lebt. Noch bevor wir an seinem Lagerplatz ankommen, treffen wir Freunde von Kyrill, die in ihren Booten große Fische aus dem Ob ziehen. Einige davon werfen sie mit der Bemerkung *njet ryby* (kein Fisch) wieder zurück ins Wasser. Kyrill spürt meine fragenden Blicke. Er erklärt, dass man nur das als Fisch bezeichne, was man roh essen könne, nicht, was man erst zubereiten müsse.

In der Siedlung angekommen, ist gerade eine Geburtstagsfeier in vollem Gange, zu der wir sofort eingeladen werden. So können wir ganz persönlich erfahren, wie gut roher Fisch schmecken kann. Nach dem ruhen wir uns im Zelt aus, sitzen auf Rentierfellen und reden bis tief in die Nacht hinein über das Leben. Wir haben in kürzester Zeit angefangen, uns hier wie zu Hause zu fühlen. Die nie untergehende Sonne lässt uns vergessen, dass es schon lange nach Mitternacht ist. Ich glaube, es ist an diesem Abend, als wir den Entschluss fassen, dass die Nenzen eine große Rolle bei *Sternflüstern** spielen müssen. Uns wird klar, dass sich das Abenteuer unserer Familien nicht auf einen Ort beschränken lässt. Die Tundra ist geprägt von umherziehenden Ureinwohnern, und unsere Familien sollen unbedingt die Gelegenheit bekommen, dieses Gefühl von Freiheit zu erleben.

Nomaden der Bilder Das bedeutet aber auch, dass wir selbst zu Nomaden werden müssen – Nomaden mit 1800 Kilo filmtechnischem Gepäck. Unsere Geräte sind sehr empfindlich. Jeder Defekt wäre ein großes Problem, denn in der Tundra sind Ersatzteile schwer zu bekommen. Staub, Regen, Kälte und Erschütterungen sind unsere natürlichen Feinde. Trotzdem wollen wir unterwegs drehen.
Wir setzen dabei auf die Multifunktionsfähigkeit des Teams, um trotz kleiner Besetzung für alle Eventualitäten gerüstet zu sein. Unsere Kameraassistentin Charlotte Hoffmann hat uns beim ersten Sibirien-Abenteuer immer wieder mit tollen Bildern begeistert – dieses Mal ist die zweite Kamera ihre Hauptaufgabe. Jacek Kozlowski und Kai Gusovius sind beide hervorragende Kameraassistenten, Tonspezialisten und Techniker. Selbst in schwierigen Situationen kann man sich blind auf sie verlassen.
Unsere Ausrüstung ist sehr umfangreich und wird für jeden Tag neu zusammengestellt. Das Team verbringt so manche Nacht damit, die Ausrüstung zu warten und für den nächsten Tag drehbereit zu machen.

Nomade der schönsten Bilder: Kameramann Lars Hauck beim Rentierkuscheln in der Tundra

All das ist eine große Herausforderung. Darauf haben wir uns so gut es geht vorbereitet. Profitieren konnten wir vor allem aus den Erfahrungen des letzten Jahres. Zudem haben wir mit Jacek einen echten Joker dabei – einen großen Techniker, der uns immer wieder mit seinem Fachwissen begeistert. Sein Improvisationstalent hat uns schon am Baikalsee durch den Winter gebracht.
Dieses Mal wird es sicher nicht weniger Probleme geben. Wir bewegen uns immer am Rande von dem, was machbar ist. Aber genau dieser Umstand ist eben auch ein Teil der großen Herausforderung, auf die wir uns eingelassen haben und mit der wir jetzt zurechtkommen müssen.
So wird bereits unsere Anreise ein wahres Abenteuer. Kurz vor dem Ural teilen sich Team und Ausrüstung bei einer Zwischenlandung. Charlotte, Jacek und Stanislaw brechen mit dem größten Teil nach Jar-Sale auf, um alles für unsere Ankunft vorzubereiten. Bernd, Kai und ich fahren mit der Familie Rabe in dem Zug von Workuta über den Ural Richtung Salechard.
Wir sind zu diesem Zeitpunkt schon lange unterwegs. Die Ausrüstung müssen wir auf einem Flughafen aufteilen – ohne die Möglichkeit zu haben, sie zu checken. Wir können nur hoffen, dass es keine Transportschäden gegeben hat. Jacek lötet uns neben dem laufenden Gepäckband schnell noch ein Kabel zusammen, da wir das Richtige nicht parat haben. Dieser Mann und sein Lötkolben scheinen unzertrennlich.
Die Fahrt mit dem Zug über den Ural soll schon Teil unseres ersten Filmes werden. Wir haben also nicht nur mit dem Verstauen unseres Privatgepäcks und der Ausrüstung zu kämpfen, sondern müssen gleichzeitig drehen. Spannend und aufregend gestaltet sich unser erster Drehtag mit der Familie Rabe in Russland.

Die Fahrt über den Ural ist wunderschön. Es ist dunstig. Wir fahren durch eine einsame Welt in einer Geschwindigkeit, die es auch unserer Seele erlaubt, Schritt zu halten. Kindheitserinnerungen holen mich ein. Meine Gedanken streifen zurück zu jenem Tag, als mein Onkel mich auf dem Führerstand einer Lokomotive fahren ließ. Damals, als kleiner Junge, spürte ich ein ähnlich abenteuerliches Gefühl wie in dem Moment, als wir mit dem Zug die Grenze zu Asien überqueren.

Von Salechard geht es mit dem alten MI-8-Hubschrauber nach Jar-Sale. Unter uns unendliche Weiten, Land und Wasser. In Jar-Sale filmen wir die Ankunft der Rabes in ihrem neuen Heim und dokumentieren ihre ersten Gehversuche in Sibirien. Wir interviewen die Familienmitglieder zu ihren spontanen Eindrücken. Erst dann können auch wir unser neues Zuhause beziehen. Wir sind inzwischen schon fast eine Woche unterwegs, haben jetzt erst unser komplettes Gepäck beisammen, froh, endlich irgendwo anzukommen. Allerdings müssen Bernd und Kai am nächsten Morgen zurück nach Salechard, um die Anreise der Familie Studte mitzuerleben.

Die großen »Sternflüstern-Familien«* Zwei Familien in ihrem Alltag mit der Kamera zu beobachten, ist eine ganz besondere Herausforderung. Für uns, die wir filmen – aber auch für die Familien. Es ist eine paradoxe Mischung aus Nähe und Distanz, in die wir uns alle begeben. Es ist wichtig, dass die Familien uns vertrauen. Im Vorfeld haben wir uns große Mühe gegeben, sie gut kennen zu lernen. Und wir haben den beiden Familien die Möglichkeit gegeben, uns auch mal ohne Kamera zu sehen. Man erlebt das gemeinsame Abenteuer in gewisser Weise als gleichberechtigte Partner. Dabei müssen

wir einen Weg finden, hautnah dabei zu sein, ohne voyeuristisch zu werden. Wir wollen dem Zuschauer das Gefühl geben, nicht nur als Beobachter zu fungieren. Der Zuschauer soll die Möglichkeit bekommen, sich auf die Geschichten einzulassen und sie selbst zu erleben.
Das Schwierigste dabei ist, sehr dicht an dem Leben der beiden Familien dranzubleiben. Mit unserer Kamera beobachten wir Emotionen und Entwicklungen, Freud und Leid aus einer Perspektive, die sonst nur den einzelnen Familienmitgliedern gestattet ist. Dabei müssen wir jedoch so viel Distanz wahren, dass wir nicht selbst plötzlich Teil des Geschehens werden und die Familien auf uns reagieren. Denn damit würden wir ihnen die Chance nehmen, sich auf ihre ganz eigene Art zu entfalten.
Es ist der Versuch, da zu sein, ohne dabei zu sein. Trotz Team und Technik unsichtbar zu werden, unter Zurückstellung der eigenen Persönlichkeit. Das ist ein Griff nach den Sternen. Vielleicht erreicht man sie nie. Aber man darf nicht müde werden, es zu versuchen und ihr Flüstern zu hören.
Unsere Dreharbeiten finden natürlich nicht im Vakuum statt, sondern in einer unglaublich schönen und gleichzeitig rauen Umgebung. Sie ist der Rahmen für unsere Geschichte. Um möglichst authentisch zu sein, setzen wir auf eine rein dokumentarische Handkamera, die sich dem Geschehen unterordnet. Sie folgt seinem Fluss und erahnt im Idealfall, was als Nächstes geschehen wird. Teilweise benutzen wir Spezialtechnik aus dem Filmbereich, wie Kran und Dolly, um sehr aufwendige Landschaftsaufnahmen zu filmen.
*Sternflüstern** ist der Versuch, zwei filmische Stilrichtungen organisch miteinander zu verbinden, die sich in den meisten Fällen gegenseitig ausschließen. Ein Versuch, etwas sehr

Authentisches entstehen zu lassen und gleichzeitig so zu verdichten, dass auch tiefere Einblicke in das Leben der Einheimischen gewährt werden können.
Da wir als Team zum Teil unter den gleichen Bedingungen leben wie die beiden Familien, gibt es für uns neben der beruflichen auch eine große persönliche Belastung. Anders als die Familien Rabe und Studte haben wir unsere Angehörigen für mehrere Monate zu Hause zurückgelassen. Wir sind auf die gute Chemie im Team ganz entscheidend angewiesen. Zum einen müssen wir als Team funktionieren, zum anderen sind wir gezwungen, wenn sich Spannungen aufbauen, diese sofort zu lösen. Auch unter uns ist es wichtig, das richtige Maß an Nähe und Distanz auszuloten. Jeder braucht sein Rückzugsgebiet, in das er sich retten kann.

Das Team muss multifunktionsfähig sein und für alle Eventualitäten gerüstet: Hier beim Zeltaufbau in der Tundra.

Speziell in den Jurten der Ureinwohner ist das natürlich schwierig. Hier müssen wir mit dem Raum auskommen, der uns zur Verfügung steht – und der ist sehr beengt. Es gibt praktisch keine Intimsphäre oder Rückzugsmöglichkeit vor den Teamkollegen und den Nenzen, mit denen wir zusammen in einer Jurte leben. Doch am Polarkreis sind wir fast das gleiche Team wie am Baikalsee. Die Zeit dort hat uns sehr zusammengeschweißt, sodass das Team inzwischen so etwas wie eine Familie geworden ist.
Bevor ich hierher gekommen bin, um mit den Dreharbeiten für das *Sternflüstern**-Projekt zu beginnen, habe ich mir natürlich vorgestellt, wie es sein wird, in solch einer abgeschiedenen Gegend zu leben und zu arbeiten. Ich dachte viel über all die Errungenschaften nach, die die Zivilisation mit sich bringt. Wie würde ich wohl auf die Notwendigkeit reagieren, auf den vertrauten Luxus verzichten zu müssen?
Ich machte mir damals Sorgen, dass ich vielleicht nur eine begrenzte Zeit damit klarkommen, es dann aber eher als Belastung empfinden würde. Seltsamerweise passierte genau das nicht. Innerhalb kürzester Zeit hatten wir uns alle an diese Umstände gewöhnt. Langsam setzt sogar genau das Gegenteil ein: Ich beginne jeden Tag das Leben etwas mehr mit den Augen der hiesigen Bevölkerung zu betrachten. So gesehen müssen wir mit all unseren technischen Gerätschaften schon ein komisches Bild abgeben. Hier nach dem gewohnten Luxus zu suchen, wäre genauso merkwürdig, wie im Morgengrauen aufzustehen und einen Berg zu erklimmen, auf den schon längst eine Zahnradbahn fährt. Nach der ganzen Schinderei gibt es Souvenirläden und Touristenbusse, und doch denkt man, ein echtes Abenteuer erlebt zu haben.
Was sich dagegen eher als Belastung zeigt, ist die ständige Bereitschaft und Flexibilität, zu der wir bei einem Vorhaben wie

*Sternflüstern** gezwungen sind. Diese zwei Eigenschaften sind bei jedem Dreh wichtig – aber bei über drei Monaten werden sie irgendwann zur Last. Man kann niemals ganz abschalten und loslassen. Man folgt immer einem Drehbuch – dem Drehbuch, das vom Leben hier draußen geschrieben wird und sich deswegen ständig ändert. Zwar gönnen wir uns ab und zu einen freien Tag, an dem jeder seinen eigenen Gedanken nachhängen kann. Allerdings weiß man meist erst am Abend, ob es auch wirklich ein freier Tag war.

Manchmal greife ich zu einem Buch und versuche zu lesen. Das gibt mir Ruhe und neue Kraft. Doch kommt es oft vor, dass, sobald ich es mir mit einem Buch im Bett gemütlich gemacht habe, jemand an der Tür klopft. Und los geht es: Runter vom Bett, rein in die warmen Klamotten, raus in die Kälte – weil das Leben gerade eine neue Geschichte schreibt. Habe ich also mal einen freien Tag, kann ich nicht richtig abschalten. Denn ich rechne trotzdem ständig damit, dass ich gerufen werde.

Man wünscht sich daher manchmal eine Pause. Eine Pause, in der man den Kopf freibekommt und dem fremdbestimmten Leben entfliehen kann, um das eigene zu finden. Manchmal bricht eine Geschichte weg und ich habe plötzlich ein paar freie Stunden. Der Stress verfliegt augenblicklich. Bis ich das erste, unglaublich stimmungsvolle Bild sehe und ich diesen Moment nicht einfach nur genießen kann, sondern am liebsten losrennen und meine Kamera holen möchte.

Wenn man bereit ist, sich auf das Leben hier im hohen Norden Sibiriens wirklich einzulassen, erlebt man jeden Tag faszinierende Geschichten. Ihre ganze Größe liegt im Kleinen, im Umgang mit den Menschen des Nordens. Langsam ergeben viele winzige Begebenheiten ein größeres Bild. Man beginnt zu verstehen, Schicksale zu würdigen und gewinnt vor allem Achtung vor den Menschen hier draußen. Das Leben hier ist bestimmt von den Gewalten der rauen, wilden Natur, von den klimatischen Bedingungen, die keinen Raum für westlichen Luxus lassen. Der größte Luxus der hier lebenden Menschen ist die Fähigkeit, sich dieser Natur anzupassen.

Bevor ich das erste Mal nach Sibirien reiste, war meine Vorstellung von all den gängigen Klischees geprägt: Kälte, Weite, Mücken. Jedoch ahnte ich auch, dass es ein Gebiet voller Kontraste ist – immerhin hatte ich von heißen Sommern und kalten Wintern gehört. Ich dachte an die Transsibirische Eisenbahn und an all das Leid, die Hoffnung, das Leben und den Tod, die mit ihrem Bau und diesem Land verbunden sind.

Doch Sibirien ist riesig. Die Versuchung liegt nah, von einem Kontinent zu sprechen. Und doch ist es nur Teil des noch viel größeren Russlands. Diese Weite kann man nicht begreifen, man muss sie fühlen. Heute ist Sibirien für mich die Unendlichkeit, in der man an verschiedenen Orten immer wieder aufs Neue eine fremde Welt betritt.

STANISLAW KRZEMINSKI

Menschen des Nordens 3: Das Telefon

Wieder fahren wir aufs Wasser. Zwei Boote ziehen ein zwischen ihnen ausgebreitetes Netz. Die rote Sonne hebt sich langsam über den Horizont. In der Stille des jetzt nie endenden Polartages ist nur das rhythmische Plätschern der Ruder zu hören. Sogar die Vögel schlafen noch. Kyrill erzählt von alleine weiter: »Nach dem Tod meines Großvaters stürzte meine ganze Welt zusammen. Ich war sechzehn und wusste, wie man sich in der Tundra verhält oder auf dem Fluss. Ich wusste, wie man einen Mann schlägt, doch ich fühlte mich, als ob mir jemand ein Stück meines Herzens ausgerissen hätte.

In meinem jungen, dummen Kopf rauschte die Wut auf die ganze Welt, rauschte das Klagen gegen das Schicksal und die Wut auf mich selbst, dass ich mit all dem nicht zurechtkomme. Die Energie brodelte in mir, doch es war keine gute Energie ... Zum Glück musste ich kurz danach zum Militär. Ich kam in die Einheit der damals noch sowjetischen Armee, die in Torgau stationiert war. Ja, ja«, kommentiert Kyrill meine Verwunderung, »in demselben Torgau, in dem sich 1945 auf der Elbe unsere Soldaten mit den Amerikanern trafen ...«

Wir müssen beide lachen, als ich sage, dass es das Schicksal war, das ihn darauf vorbereitete, irgendwann zwei deutsche Familien bei sich aufzunehmen. »Schade nur, dass ich in diesen zwei Jahren, die ich in der ehemaligen DDR verbrachte, praktisch nie die Einheit verlassen durfte. Sonst hätte ich wahrscheinlich etwas Deutsch aufgeschnappt, und so kann ich außer »Guten Morgen« und »Auf Wiedersehen« nicht viel mehr. Doch trotzdem konnte ich dort sehen, wie die Menschen wohnen, wie sie leben, wie sauber Straßen sein können ... Dann war meine Dienstzeit vorbei und ich kam zurück nach Russland. Bei meiner Familie in Tjumen lernte ich Aljona kennen. Vorher kam es mir nie in den Sinn, dass ich mich je in eine Frau verlieben könnte, die nicht zu den Nenzen gehört. Aljona ist Russin – und was für eine! Ein Jahr später heirateten wir in Jar-Sale. Es war im März, also noch im Winter. Nach der Hochzeitsfeier fuhren wir mit dem Schlitten in die Tundra. Ach, war das eine Fahrt!«
Kyrill schweigt wieder und lächelt bei der Erinnerung an die heiteren Tage damals. Wieder hören wir nur das Plätschern der Ruder. »Siehst du, das ist noch ein Beweis dafür, dass man im Leben nie die Hoffnung verlieren sollte«, sage ich und bedauere gleich meine banale Bemerkung. Kyrill lächelt nicht mehr und spricht erst nach einer längeren Pause weiter: »Das stimmt nicht – mit dem Schicksal sollte man ganz vorsichtig umgehen. Als ich Aljona heiratete, spürte ich dieses Loch im Herzen nicht mehr. Ich wollte endlich Revanche am Schicksal für die Jahre der Trauer nach dem Tod meines Großvaters nehmen. Damals dachte ich, jetzt würde die Welt mir gehören! Ich hatte meine geliebte Frau bei mir, kurze Zeit später kam unser Sohn Pascha zur Welt, ich hatte Arbeit – ich war der Herr der Welt! Siehst du – das hatte ich dir noch nicht gesagt – in der Zwischenzeit begann ich als Elektriker und

später in der Fleischfabrik, wo Rentierfleisch verarbeitet wurde, zu arbeiten. Mein Großvater sagte immer: ›Unser Reichtum, der Reichtum der Nenzen, sind die Freiheit, die Tundra und die Rentiere. Wenn du ein Rentier schlachten musst, tu es so, dass es nicht leidet.‹ Glaube mir, dieser Schlachthof hatte nichts damit zu tun, was mir Großvater beigebracht hatte. Ich hatte alles, doch ich hatte keine Hirsche … Und ich fing an zu trinken.«

Ein Leben zwischen traditionellem Sibirien und modernem Russland: Kyrill Saratetto, der den Familien zur Seite stand

Diesmal unterbreche ich das Schweigen nicht. Zu viel Unglück, verursacht durch Alkohol, habe ich in Sibirien gesehen. Fragen nach Einzelheiten waren hier nicht angebracht. Manchmal habe ich sogar den Eindruck, dass der berühmte Spruch Lenins: »Kommunismus bedeutet die Macht des Volkes und die Elektrifizierung des Landes« in Wirklichkeit anders lauten sollte: »Kommunismus bedeutet die Macht des Volkes und seinen Alkoholismus«. Doch diese Johannisnacht hielt uns in ihrem Bann – sie öffnete die Herzen. Kyrill erzählte weiter: »Die Nenzen dürfen keinen Alkohol trinken ... Es ist genau wie bei den amerikanischen Indianern – sie wurden von den Weißen durch ihr Feuerwasser besiegt. Mit uns ist das genauso. Sieh dir die Tajmyr an – auf der ganzen gigantischen Halbinsel durch Wodka und Selbstgebrannten degenerierte Siedlungen der Nganasanen, der Dolganen oder der Ewenken. Das Gleiche bei den Tschuktschen auf Tschukotka oder den Komi bei Workuta. Es ist eine andere Biologie und Psychologie – wir können eine Woche lang im Schnee leben, aber nach einer Flasche Wodka verlieren wir das Wichtigste – den Kopf und die Seele ... Damals hatte ich sie auch verloren! Hast du gemerkt, dass sogar ein gewöhnlicher Hausköter seinen Kopf abwendet, wenn er merkt, dass du getrunken hast? Und weißt du, wie ein Rentier reagiert? Ein Rentier geht einfach weg. Es versteckt sich vor dir hinter dem *tschum*, hinter Schlitten, wo auch immer ... Nur für unsere Frauen und Kinder wird unser Trinken zum Alltag – für die Rentiere nicht.«

Weitere Mussune springen im Netz. Diesmal holt Kyrill, ohne seine Geschichte zu unterbrechen, sie heraus. Ein Fisch landet im Boot, ein anderer wieder zurück im Fluss. »Einmal lag ich zu Hause, völlig betrunken ... Unser Sohn war damals vier. Plötzlich klingelte das Telefon. Pascha hob den Hörer ab und sagte mit seiner Kinderstimme ganz ernst: ›Papa kann jetzt nicht sprechen. Er ist betrunken.‹ Pascha sagte das so ernst und normal, als ob er es schon oft wiederholt hätte. Ich wurde fast nüchtern, drückte meinen Sohn an mich und beschloss, nie wieder Alkohol anzufassen. In dieser Nacht hatte ich einen Traum, einen sehr wichtigen Traum ...«

HEIKE HAEDECKE

Kilo, Rubel, Gigabyte – mein erstes Sibirien-Abenteuer

W*enige Tage vor der Abreise* Jetzt soll es also nach Sibirien gehen. Gerade aus Griechenland zurück, hängt der Blümchen-Bikini, ausgewaschen vom Salzwasser, noch über der Badewanne.

Der Schnittcomputer ist schon funktionsfähig in Jar-Sale gelandet und meine Partnerin Miriam auch. Sie schneidet die erste Folge, und ich werde sie dann ablösen. Jede von uns wird ca. drei Wochen vor Ort schneiden. Sobald die Ablösung kommt, wird das Material auf eine mobile Festplatte überspielt, mit in den Flieger genommen und in Mainz weiterbearbeitet. Dort: Feinschnitt mit Susanne Becker, der Ideengeberin für *Sternflüstern**, die das Projekt seit Anbeginn erfolgreich betreut. Dann bekommen die Komponisten eine Kopie und können mit ihrer Arbeit beginnen …

Derweil kann schon vor Ort die nächste Folge geschnitten werden. Eine große Erleichterung bedeutet für alle der Schnitt vor Ort in Sibirien, denn die kurzen Wege ermöglichen ein hohes Maß an Flexibilität – und wir bekommen das Sibirien-Feeling: Rauer, wilder, härter, kälter als das letzte *Sternflüstern** soll es werden. Diesmal jenseits des Polarkreises.

Letztes Jahr wurde *Sternflüstern** nur in Mainz geschnitten und selbst im warmen Schneideraum wurde mir schon gruselig kalt … damals habe ich der Heizung die höchste Power abgerungen.

Treffe folgende Entscheidungen für mich:

- Durch Rauchentwöhnung vor fünf Monaten verspüre ich deutliche Gewichtszunahme, deshalb: muss in Sibirien abnehmen (kein leichtes Vorhaben, da Essen äußerst fett sein soll, wie mich Miriam schon telefonisch vorwarnte).
- Deshalb viele Nahrungsmittel eingekauft wie Müsli, Müsliriegel, Kürbiskerngebäck … (beim Kofferpacken allerdings muss ich mich aus Platzgründen entscheiden: Kleidung oder Nahrung – erfrieren oder verfetten …).
- Jeden Tag joggen!!!
- Jeden Tag ein russisches Wort lernen (als russische Debütantin kann ich auf keinen Wortschatz zurückgreifen, außer auf einen Satz aus der letzten Staffel von Kerstin Klapproth: *Ne ponimaju* – Ich verstehe nicht. Das hat sie ganz oft gesagt.)

Einchecken am Vorabend des Abflugtages, Flughafen Frankfurt. Muss Übergepäck bezahlen. Eigentlich 10 kg, kann die Lufthansadame am Eincheck-Counter aber auf 5 kg runterhandeln, nachdem ich versprochen habe, am nächsten Tag kein Handgepäck mehr mitzunehmen.
(Wird wohl auch an den drei Päckchen Schwarzbrot liegen …)

Abflugtag, Flughafen Frankfurt Die Anreise nach Jar-Sale, über Moskau und Salechard, jedes auch eine Übernachtungsstation, soll drei Tage dauern.
Der Flug nach Moskau steht nicht auf der Anzeigetafel, fängt ja gut an! Bekomme die Information Abflughalle A, renne

hin, nein Abflughalle B, renne rüber, dann doch A ... Gar nicht so einfach mit 35 kg Handgepäck.
Als ich einen Wartenden in der Moskau-Check-in-Schlange anspreche, ob er mich kurz vorlässt, um der Lufthansadame eine Frage zu stellen, antwortet er mit breitem, stolzem Grinsen: »*Njet problema*« und entblößt dabei eine durchgängige Reihe goldener Zähne. Bloß keine Zahnprobleme in Russland! James Bonds Nebenbuhler lebt ...

Ankunft Moskau In diesem Wespennest Moskau angekommen, erwarten mich am Flughafen Wojtek, der Sohn des Produzenten, und Slawa, der Fahrer. Werde in das drei Autominuten vom Flughafen entfernte Hotel gefahren. Bin froh, an der Rezeption noch auf ein Englisch sprechendes Gegenüber zu treffen. Mit akkuratem Make-up und strengem Sowjet-Lächeln.
In einer Stunde wird mich Slawa zu einer Stadtrundfahrt abholen. Das erste von zwei mitgebrachten Broten von zu Hause wird geknackt.
Das Hotel entspricht dem Lächeln der Rezeptionistin – karg. Die Flur-Empfangsdame schaut ebenfalls ziemlich unwillig. Freue mich schon auf Slawas scheue Herzlichkeit.
Er ist pünktlich, kann ein paar Brocken Deutsch. Dass ich gerne zum Roten Platz möchte, versteht er ziemlich schnell. Die Fahrt in die Stadt soll auf der sechsspurigen Schnellstraße 30 Minuten dauern.
Ich bin ziemlich verwundert über die Geschäftsdichte entlang der Straße. Rechts das schwedisch-russische Ikea, links deutsche Autohäuser: Audi, Mercedes. Eben überholt uns ein Obi-Transporter ...
Ja klar, Moskau – Metropole, weiß ich ja auch, dachte aber nicht so offensichtlich West-Produkte zu finden.

Zweifle gerade, ob nicht doch ein Fleece-Pulli mehr im Koffer anstelle von zehn Müsliriegeln hätte eingepackt werden sollen ...
Dann sind wir in der City und ich sehe die sowjetische Maximilianstraße ... Bekannte Mode-Namen wie überall in den Metropolen, luxuriöse Geschäfte und schicke Straßen. Dann das unheimliche Gebäude des KGB, wie mir Slawa erklärt (der übrigens eine gesund-runde Mischung aus meinem Vater und meinem Großvater ist), das Weiße Haus, die Basilika und endlich der Rote Platz.
Wir steigen dort aus, gehen Richtung Lenin-Mausoleum (wollte mir den Knaben von innen ansehen, aber *njet* Arbeit heute für die *russkije*). Uns umweht der Hauch der Geschichte, ein wenig Ehrfurcht vor diesem geschichtsträchtigen Platz, und dann entdecken meine konsumgeschulten Augen: La Perla am Roten Platz. Der rote kommunistische Platz. La Perla gegenüber von Lenin. Und nebendran Kenzo und vieles mehr. Von Slawa erfahre ich, dass dies das Kaufhaus GUM ist.
Eigentlich wollte ich Slawa länger abschütteln, um ausgiebig shoppen gehen zu können, aber er machte mir schnell klar, dass ich nicht länger als eine halbe Stunde hätte ... Statt Powershopping entschied ich mich, die spannenden russischen Gesichter zu beobachten – obwohl die eine oder andere Tasche mich schon interessiert hätte ...
Slawa fährt nach meinem kleinen Ausflug unerschrocken schnell zurück, wenden auf der sechsspurigen Schnellstraße ist wohl völlig normal, hätte im Nachhinein gerne im Kaufhaus GUM einen Helm erstanden ...
Mein Ausflug in die Weltstadt Moskau endet schließlich in meinem in Flughafensichtnähe gelegenen Hotelzimmer mit einem Royal TS und *Wer wird Millionär* auf Russisch.

Abflugtag nach Salechard Slawa holt mich am nächsten Tag wieder ab, um mich zum Flughafen zu bringen. Seiner Bodyguard-Pflicht entsprechend bringt er mich auch noch in die Flughafenhalle, zum Glück, denn mein Flug ist nicht aufgelistet. *Njet* auf der Anzeigetafel.
Ohne Russischkenntnisse bzw. ohne Slawa wäre man hier auf dem Domestic-Flughafen verloren. (Danke an dieser Stelle an den Produzenten für die gute Betreuungsorganisation.) Der Flug war kurzerhand von 11.40 Uhr auf 15.00 Uhr verlegt worden.
Während dieser mehrstündigen Wartezeit erfahre ich auch, dass Slawa 47 Jahre alt ist. Das russische Leben scheint ganz schön hart zu sein ...
Muss auch hier Übergepäck zahlen. Trotz befohlenem Umpacken. Pilot hat aufgepasst.

Ankunft Salechard Eingestiegen war man dann schnell in den Flieger nach Salechard. Nur starten konnten wir nicht, es fehlte noch ein Passagier. Endlich kommt dann der Mann bzw. wird links und rechts gestützt, weil er so betrunken ist, unfähig, allein zu gehen. Die Stewardessen drücken ihn auf seinen Platz, aber sobald sie weg sind, geht er wieder los und wankt nach vorne. Dabei stützt er sich auf den Rückenlehnen ab, die den anderen Leuten dann immer wieder ins Kreuz knallen. Dieses Spiel wiederholt sich ein paar Mal, bis die Stewardessen mit einer Kotztüte in seine Richtung gehen.
Am Flughafen in Salechard erwarten mich Marina und Iwan. Netterweise erklären sie sich bereit, mir einige Sehenswürdigkeiten ihrer Stadt zu zeigen. Mittlerweile ist es zwar schon 22 Uhr, aber eine Stadt kann auch im Dunkeln schön sein. Wir fahren zum neuen Rathaus und zur neuen Kirche, dann zum Polarkreis-Wahrzeichen mit wechselbarem Licht, das

wirklich faszinierend ist. Es ist zu spüren, wie stolz die beiden auf ihre Sehenswürdigkeiten sind. Ich unterhalte mich mit Marina auf Englisch.
Ob ich was von dem Mammut gehört hätte – Welchem Mammut??? Der sei wirklich sehenswert, zwar etwas weiter entfernt, aber da würden wir jetzt noch hinfahren. Iwan steuert also in eine dunkle, unbefahrene Landstraße, die zu der Stadt auf der anderen Seite des Ufers führt. Plötzlich springt aus dem Gebüsch ein nicht gerade Vertrauen erweckender Mann und wedelt ganz fürchterlich mit seinen Armen.
Auch in Russland scheint das zu bedeuten: Bitte anhalten.
Iwan fährt tatsächlich rechts ran, steigt aus und Marina und ich beobachten vom Auto aus, wie Iwan mit dem Typ, der offensichtlich zu viel getrunken hat, redet. Mir stockt der Atem, als sich beide Richtung Auto bewegen. Iwan will ihn tatsächlich mitnehmen. Und da neben mir auf der Rückbank der einzig freie Platz ist …
Oh nein. Zum Glück ist der Russe nicht mehr in der Lage, etwas zu sagen. Nur einen kleinen Cognac hätte er getrunken, erzählt uns dann Iwan und dass er nach Salechard will. Bald sind wir am Mammut, der durch die Anwesenheit des abgefüllten Russen leider an Aufmerksamkeit verliert, ein Riesenmammut aus Stein, mitten in der Landschaft – skurril.
In Russland sei das so üblich, erzählt Iwan. Dass man Leute von der Straße mitnimmt, auch und gerade dann, wenn sie gezecht haben, denn würde er ihn stehen lassen, würde er nachts im Freien erfrieren. Und es war wirklich schon kalt. Und er war wirklich betrunken.
Iwan steckt sich eine Zigarette im Auto an und ich muss das Fenster öffnen. Prompt öffnet auch er sein Fenster. Es ist eiskalt und ein heftiger Wind weht durch die Karre.
Nächstenliebendes, hilfsbereites Russland …

Abflug nach Jar-Sale Ohne Marina und Iwan wäre man hier, fern jeglicher Russischkenntnisse, wieder mal aufgeschmissen.
Die Flüge stehen nur in Kyrillisch auf der Anzeigetafel. Bin froh, dass Staszeks Betreuungssystem so gut funktioniert. Sonst würde ich noch Tage hier auf meinen Hubschrauberflug warten … und nichts merken.
Leider wird hier alles, aber auch alles gewogen. Wieder Übergepäck zahlen (darin bin ich nun schon routiniert). Aber hier ist es am billigsten.
Im Wartesaal sitzen nicht mehr als zehn Leute, es sind sehr außergewöhnliche Gesichter dabei.
Beim Hubschrauberflug gibt man sein Gepäck nicht zum Einchecken ab, man nimmt alles mit hinein. Dann soll es in den Bus gehen, der uns zum Hubschrauber bringt. Eine nicht bedachte Hürde, denn meine widerspenstige Tasche wehrt sich, von mir hochgehoben zu werden.
Ein aufmerksamer, gut für den sibirischen Winter ernährter junger Mann hebt sie für mich rein und auch wieder raus. Er trägt sie dann noch vom Bus zum Hubschrauber, die 30 Meter ziehen sich.
Dass sich an meiner Tasche am Boden Rollen befinden und man sie ziehen kann, kann ich dem hilfsbereiten Mann, mangels Russischkenntnissen, leider nicht klar machen.
Im Hubschrauber nimmt dann jeder Platz, wo er noch ein Plätzchen finden kann. An den Längsseiten sind Holzbänke montiert. Ich habe Glück und sitze direkt neben dem 500-Liter-Benzintank.
Ich bin nur ein wenig irritiert, dass ich während des Fluges durch Ritzen im Boden direkt auf die Erde schauen kann.
Der Flug über die mystische Tundra mit den vielen Flussarmen und Seen wird unvergesslich bleiben …

Ankunft Jar-Sale Im Hotel eingecheckt, die Arbeitsräume inspiziert, mache ich mit Miriam einen Spaziergang durchs Dorf. Der erste Eindruck: Es gibt sowohl fröhlich angestrichene neue Häuser als auch, und das in der Mehrzahl, verwitterte, alte Holzhäuser. Sie verfallen nicht einfach, sondern werden tatsächlich noch von Menschen bewohnt. Nicht gerade beneidenswerte Umstände. Man ahnt, wie zugig, kalt und ungemütlich es innen sein muss.
Zu einigen dieser Hütten führen sogar Warmwasserrohre, die über der Erde liegen und aus Kälteschutzgründen mit Holz umbaut sind. Später sollte ich erfahren, dass dies auch der »Kakerlaken-Highway« genannt wird. Diese quasi Holzstege zwischen den Häusern ersetzen die Gehwege. Nur die beiden Hauptstraßen sind geteert.
Wenn Miriam mir nicht gezeigt hätte, hinter welcher Eingangstür sich ein Geschäft befindet, hätte ich nie irgendetwas gefunden. Es gibt keine Schaufenster hier. Und wenn man einen Laden betritt, hat man erst mal das Gefühl, in einem Privathaus zu landen.
Nach einer Dorfkneipe wird man hier lange suchen, es gibt nichts, wirklich nichts, aber ich bin überrascht, wie häufig man hier Lebensmittelläden findet, geöffnet täglich von 10 bis 22 Uhr.
Na sdorowje!

Tag 2: Jar-Sale Miriams Abreise kam überraschend. Eigentlich sollte der Flug um 18 Uhr gehen und nun stand sie morgens, um kurz vor neun, vor meiner Tür und sagte, der Flug gehe schon jetzt. Alles hängt hier vom unberechenbaren Wetter ab.
Aus diesen uneinschätzbaren Situationen heraus wächst wohl die russische Langmut. So scheint es in Sibirien zu

Zum ersten Mal in Sibirien: Ein Erlebnis der besonderen Art für Cutterin Heike Haedecke

sein. Zum Glück hatten wir am Tag vorher für ihre Abreise schon alles vorbereitet.
– Joggen *njet* (fällt noch unter Eingewöhnungszeit).
– Neben: *da* – ja, *spassibo* – danke und *poschalujsta* – bitte heute *bes mjasa* – ohne Fleisch gelernt. Werde mich hier, aus schon oben genannten Gründen, vegetarisch ernähren …

Tag 3: Jar-Sale Joggen *da*, Joggen ja,
Schauen schon komisch, die Russen, die Männer, die alle in gleichen Monturen zur Arbeit gehen, die bunten Kinderschlangen, die zur Schule watscheln, oder die Teenager, die an den Ecken stehen. Manche stecken die Köpfe zusammen und fangen an zu lachen.

Müsli gefrühstückt ... Benötige unbedingt eine Teekanne. *Tschainik* – Teekanne.
Gehe in den Tundra-Laden, der eher Flohmarkt-Charakter hat – die Bekleidungen hängen so dicht auf, neben und untereinander, dass man gar nichts richtig erkennen kann. Es gibt in diesem Laden nichts so wirklich Authentisches zu kaufen, keine handgenähten Fellhandschuhe oder original sibirischen Fellmützen. Habe einen stilechten Taschenspiegel von Charsten Deor, Paris, gekauft. Hin und wieder sehe ich mehrteilige Porzellanservice, inklusive Teekanne, zwischen Kunststoffpullis und Plastikspielzeug herausblitzen, aber wenn ich frage »*Odin tschainik?* Eine Teekanne?«, deuten sie immer auf das komplette Arrangement. Beiges Porzellangeschirr mit Moosröschen drauf. Haben wohl doch Anklänge von biederem europäischen Geschmack, die Sibirjaken ...
Zwischen Lockenwicklern und Schlüpfern finde ich dann einen silbernen *tschainik*, auf dem oben noch einer draufsteht. Clever, die untere Teekanne wird auf die Heizplatte gestellt und statt des Deckels wird eine kleinere oben postiert, in der der Tee dann weiter gewärmt wird.
Meine erste Shopping-Trophäe ...

Tag 5: Jar-Sale Mache mit Lars, dem Kameramann, eine Motivbesichtigung, d.h. einen Spaziergang durchs Dorf. Brauchen noch bestimmte Eindrücke, d.h. Einstellungen von der Gegend.
Am Ende der Hauptstraße kommen wir an einem Friedhof der Nenzen, der sibirischen Ureinwohner, vorbei. Das Auffallendste: Hier werden die Särge nicht unter die Erde gebracht, sondern oben auf die Erde gestellt. Dies hat den Grund, so erzählt mir Lars, dass die Nenzen an einen guten

und an einen bösen Gott glauben. Der Gute wohnt im Himmel, der Böse unter der Erde. Wird der Tote unter die Erde gebracht, ist er dem bösen Gott näher. Oben auf der Erde ist ein neutraler Platz zwischen gut und böse, da wird ihn dann schon der Entsprechende holen ... Ziemlich gruselig, die halbverfallenen Särge ...
Russisches Wort heute: *abrikos* – Aprikose.

Tag 7: Jar-Sale Heute hat mir Charlotte erzählt, dass es gestern zum Frühstück Hamburger gegeben hat ... Taille adé! ... Trinke meine zwei Liter Polarwasser jeden Tag. Wasser, geschmolzen aus dem ewigen Eis. Wow, mit 2000 Jahre alten Bakterien ...
Unser Regisseur hatte heute ein Gespräch mit der toughen Bürgermeisterin von Jar-Sale (tough deshalb, weil sie wohl sehr genaue Vorstellungen hat, was wir Deutschen machen müssen, und es auch sehr bestimmend rüberbringt. Als das Ehepaar Rabe bei ihr zum Gespräch war und sie Karl Rabe fragte, ob er seinen Arztkittel dabeihabe, meinte er, er brauche keinen, er arbeite mit den Händen. Bei ihnen würden die Ärzte auch mit den Augen und dem Verstand arbeiten, entgegnete sie ...). Sie, die selbst aussieht wie eine blonde Lara Croft (habe sie mit ihrer Kurvenfigur und ihren High Heels schon durch den Ort laufen sehen ...), riet, jetzt jeden Tag Fleisch zu essen, möglichst fett, und ein großes Glas Wodka zu trinken, sonst überlebe man den sibirischen Winter nicht. Der Winter soll hier bis Ende Mai gehen. Im Juni bei der Vorbesichtigung sind hier noch 5 km lange Eisschollen gesehen worden.
Dann ist Juli und August Mückenplage und Ende September liegt schon der erste Schnee. Wir werden mindestens bis Ende November bleiben.

Heute, bei Dunkelheit gegen 20 Uhr, landet ein Hubschrauber (der Landeplatz ist in Sichtnähe unseres Hotels). Alle schauen interessiert auf, denn es ist wohl allgemein bekannt, dass die Hubschrauber auf Sicht fliegen und deswegen nach Sonnenuntergang nicht mehr unterwegs sein können. Dies wirft für mich die Frage auf: Wenn es Ende November nur noch eine Stunde am Tag hell ist, der Flug von Jar-Sale nach Salechard aber 1,5 Stunden dauert, was machen wir dann? Doch erst im Mai fliegen? Oder irgendwo in der Tundra nach einer Stunde Flugzeit abgesetzt werden? Die Männer in unserer Runde wussten darauf keine Antwort ... (werde mir erst mal eine typische Nenzentracht zulegen, mit Fellmütze und eingearbeiteten Handschuhen, falls wir in einem *tschum* in der Tundra weiterleben müssen ...)
Russisches Wort heute: alles wird gut – *wsjo budjet choroscho.*

Tag 10: Jar-Sale Im Dorfbild fallen mir übereinander gestapelte Häuschen auf, jedes mit eigenem dicken Vorhängeschloss versperrt. Denke, das ist vielleicht die russische Variante der Dixie-Klos, aber Oxana erklärt mir, dies seien Vorratshäuschen,wenn der Platz zu Hause nicht ausreicht.
Trotzdem, Neubauten ohne Bad und Toilette sind hier nicht selten.
Wirklich schick gehen sie durchs Straßenbild, die russischen Damen (fälschlicherweise dachte ich noch: gut, dass ich meine High Heels zu Hause gelassen habe ...). Sehe nun aber die Russinnen hier mit Pelzmützchen, feinem Mäntelchen und stolz auf Schuhen mit hohen Absätzen (und ich meine, mit wirklich hohen Absätzen!). Hätte ich doch meine schicken Stiefel mitgenommen.
Frage mich, wer hier das Landei ist ...
Russisches Wort heute: *iswenitje* – entschuldigen Sie.

Tag 11: Jar-Sale Zugegebenermaßen neigt die »gemeine« Russin dazu, etwas zu viel Farbe aufzulegen. Im Gegensatz zu den überbetont geschminkten Frauen scheinen sich die Männer hier eher zu wenig zu pflegen. Schon morgens kann ich beobachten, wie die Männer, wohl noch schmutzig vom Vortag, zur Arbeit gehen. Ich verstehe nicht, warum.
Im Nachhinein habe ich erfahren, dass viele Arbeiter hier in Mini-Hütten wohnen, ohne Wasser, ohne Strom, Tausende Kilometer von der Familie getrennt. Sie sind hier, um Geld zu verdienen, das sie dann nach Hause schicken. Was stören da noch die schwarzen Gesichter …
Russisches Wort heute: *dusch* – Dusche.

Tag 14: Jar-Sale War heute wieder in meinem Lieblingsladen »Tundra«. In all dem Chaos fallen mir ein paar Hausschuhe auf, ganz warm gefüttert und mit unserem *Sternflüstern**-Logo (Schneeflocke-Kristall-Zeichen) drauf. Schnell verstand der Nenze (ohne dass ich mir mit auch nur einem Wort Russisch hätte behelfen können), dass ich den zweiten Schuh dazu haben will. Er verschwindet und sucht und sucht, und ich gebe schon die Hoffnung auf, dass er jemals das Pendant dazu finden wird. Aber nach einer Ewigkeit kommt er freudestrahlend auf mich zu und gibt es mir. Ich probiere die Schuhe an und stellte fest, dass sie vier Nummern zu groß sind … Erfolgreich strahlend, ob des gefundenen zweiten Schuhs, schaut der Nenze mir immer noch zu und ich konnte ihm wegen mangelnder Russischkenntnisse und weil er so hilfs- und suchbereit war, nicht sagen, dass ich die Schuhe doch nicht möchte, weil sie zu groß sind.
Jetzt bekommt eine Freundin die Schuhe, die auf großem Fuß lebt …
Russisch-Wort heute: *skolko* – wie viel.

Tag 17: Jar-Sale Beschließe, heute eine Massage im Hotel zu nehmen: Kirgisische Massage spezial.
Von vorherigen Behandlungen der Teammitglieder wusste ich, dass Inrik etwas schneller massiert, als wir es in Deutschland kennen. Gewarnt wurde ich vor der »Punktmassage« und der »Kopfeinrenk-Massage«. Oxana, unsere fleißige Übersetzerin, stellt vor meiner Behandlung mit Inrik klar, dass ich darauf schon mal verzichten würde. Ich schließe die Tür des Behandlungsraumes (der gleichzeitig der Putzfrauen-Aufenthalts- und Putzmittellagerraum ist), irritiert von der Anwesenheit der zehnjährigen Tochter. Aber Inrik deutet an, mich trotzdem auszuziehen. Nun lege ich mich, nur noch mit Schlüpfer bekleidet, auf die mit einem Handtuch vorpräparierte Couch. Sie zieht sich einen Stuhl heran und beginnt, meinen Rücken zu bearbeiten. Was anfangs noch als Eincremen erscheint, stellt sich dann schon als Massage heraus. Mit unglaublicher Schnelligkeit, dafür geringerer Intensität, bearbeitet sie meinen Rücken. Es wird gezwickt, gedrückt und geknetet und alles in einem Formel-1-Michael-Schumacher-Tempo, als würde das Essen zu Hause kalt.
Den Kopf zur Seite geneigt, drückt mein linkes Ohr direkt auf die Sitzfläche des ausgesessenen Sofas, direkt über einer nicht mehr ganz so geschmeidigen Sprungfeder. Im Takt des Massierens, also Halbsekundentakt, quietscht es nun an meinem Ohr. Gleichzeitig gehen ihre mitgebrachte Tochter und auch die Putzfrauen ein und aus.
Tür auf, Tür zu, kawumm. Entspannung *njet.*
Nun sind meine Beine an der Reihe, sie rüttelt und zerrt an ihnen, als wolle sie ein Federbett ausschütteln. Sie klopft mir dann zweimal heftig auf die Wade. Ich verstehe richtig, dass die Massage nun beendet ist. Ich richte mich auf, schaue in ihr lächelndes Gesicht und eine Reihe goldener Zähne fun-

keln mich an. Mag sein, dass diese kirgisische Massagemethode manchen gefällt – ich bevorzuge dann doch eher die traditionelle europäische Variante.
Habe erst mal genug von solchen Experimenten.
Russisches Wort heute: *experiment* – Experiment.

Tag 18: Tundra Vorbesichtigung einer Nomadenfamilie in der Tundra. Held des Tages: Kyrill, der Abenteurer.
Weil: er alle fünf nicht mit Gummistiefeln ausgerüsteten Deutschen ans 50 Meter entfernte Ufer trägt.
Während der Rückfahrt im Vorbeifahren eine vorbeifliegende Ente schießt, quasi der Drive-through sibirischer Art.
Er sich bei Windstärke fünf und 50 km/Stunde im Boot mit nur einem Streichholz eine Zigarette anzünden kann …
Das *tschum* ist in Realität viel kleiner, als es mir von den Aufnahmen erschien (dem Weitwinkel sei Dank …). Fast unmöglich sich vorzustellen, wie Familie Rabe mit sieben Personen, und noch die Nomaden dazu, mehrere Tage zusammen leben und übernachten sollen.
Auf den Monitoren in meinem Schneideraum sieht alles größer aus. Und in Wirklichkeit ist auch alles viel kälter, trotz des Ofens in der Mitte des *tschum*.
Ich muss an Kyrills Worte denken, als er die viel beschworene Hilfsbereitschaft der Nenzen beschreibt: Alle müssen sich gegenseitig helfen, denn in dieser, dem Menschen alles abverlangenden Gegend schafft man es nur zu überleben, wenn man füreinander da ist.
Gemeinsam sind wir stark.
Und das wird auch im Alltag gelebt, wie ich selbst schon erfahren durfte. Dies sind keine leeren Floskeln, sondern hier handeln die Menschen auch danach. Wenn ich die richtigen Worte finden müsste, um die Sibirjaken zu beschreiben, so

würde es mit hilfsbereit, gastfreundlich und bescheiden (leider auch zu trinkfreudig manchmal) wohl ziemlich nahe kommen.
Man spürt schon stark, was im Wohlstand oft vermisst wird: Warmherzigkeit und Seele.
Russisches Wort heute: *utka* – Ente.

Tag 20: Jar-Sale Susanne Becker aus Mainz soll eintreffen, ist auch schon in Salechard gelandet und hat nur noch die letzte Etappe Salechard–Jar-Sale morgen mit dem Hubschrauber vor sich. Ihr Besuch wird mit Spannung erwartet, da filmkonzeptionelle als auch organisatorische Dinge der Folgen 1 und 2 besprochen werden müssen.
Russisches Wort heute: *s udowolstwijem* – mit Vergnügen.

Tag 21: Jar-Sale
Susanne Becker kommt nicht. Der Hubschrauber kann wegen schlechten Wetters nicht starten.
Russisches Wort heute: *tuman* – Nebel.

Tag 22: Jar-Sale Susanne Becker kommt nicht. Der Hubschrauber kann wegen schlechten Wetters nicht starten.
Sie überlegt, auf dem Wasserweg weiterzureisen, was bedeutet, eine sechsstündige Fahrt in einem offenen Vier-Mann-Boot bei ca. 0 °C auf sich zu nehmen.
Es wird beschlossen, sich erst mal gegen die Bootsfahrt zu entscheiden und das morgige Wetter abzuwarten.
Russisches Wort heute: *snjeg* – Schnee.

Tag 23: Jar-Sale Susanne Becker kommt nicht. Der Hubschrauber kann wegen schlechten Wetters nicht starten.
Die Möglichkeit, auf dem Wasserweg anzureisen, hat sich

»Bürger von Jar-Sale! Liebt und pflegt eure Siedlung!«
Filmarbeit unter ungewöhnlichen Bedingungen

aber auch erledigt, da der Wind zu stark und die Wellen zu wild und zu hoch sind.
Russisches Wort heute: *otschajanije* – Verzweiflung.

Tag 24: Jar-Sale Susanne Becker kommt.
Russisches Wort heute: *terpenije* – Geduld.

Tag 28: Jar-Sale Alle Vorräte sind aufgebraucht, sowohl Material als auch Nahrung. Ich mache mich mit der Festplatte im Handgepäck und einer spannenden Folge 2, beschenkt mit vielen neuen Eindrücken und Gefühlen, auf den Weg nach Deutschland.

Was sonst noch geschah:

- Insgesamt 280 Stunden Material gesichtet und geschnitten
- 140 Gigabyte für Offline benötigt
- Viele Male Lars und Charlotte, den Kameraleuten, für die Wahnsinnsbilder gedankt;
  Kai für den guten Ton und seine Schmetterbälle beim Volleyball
- Fünf dramaturgisch verschiedene Versionen der Folge 2 probiert, bis der wirklich ideale Spannungsbogen gefunden war
- Bernd bewundert, einerseits für seine Experimentierfreudigkeit, andererseits für seinen klaren Blick auf die Geschichten;
  Susanne für ihren kämpferischen Geist und ihre Kompetenz;
- Meinem Freund Ralph für die emotionale Grundversorgung gedankt;
  Donald sowieso, für alles, was er immer möglich macht (ein Mann für alle Fälle ...);
  Jacek für Beantwortung aller technischer Fragen und seine Fröhlichkeit;
  Oxana für die zahlreichen Übersetzungen ... äh, auch im Modebereich;
  Lena, Pascha, Staszek fürs Kennenlernen der sympathisch polnisch-russischen Eigenschaften. *Na sdorowje!*
- 74 Gigabyte Schnittmaterial konsolidiert auf mobile Festplatte
- 3 kg abgenommen
- Und wieder Übergepäck (100 Drehkassetten werden mit nach Deutschland transportiert). Als russische Debütantin bin ich nun wenigstens darin routiniert ...

STANISLAW KRZEMINSKI

Menschen des Nordens 4: Der Traum

Es ist drei Uhr morgens. Doch kann man überhaupt von Morgen sprechen, wo es doch keine Nacht gab. Die Fische füllen das Boot immer mehr und das Gespräch mit Kyrill wird immer intimer. Eigentlich ist es gar kein Gespräch mehr, es ist eher ein gegenseitiger Austausch von Reflexionen über das Leben, über das Schicksal und Träume ... Kyrill zieht weitere Fische aus dem Netz und erzählt: »Es geschah, als ich beschloss, mit dem Trinken aufzuhören. Ich träume selten. Doch in dieser Nacht damals war alles so deutlich, als ob es wirklich passieren würde. Ich war allein in der Tundra. Das Gras war rostig rot vom Herbstwind und der untergehenden Sonne. Es war warm, und ich hörte nur den Wind ...«

Kyrill unterbricht seine Geschichte für einen Augenblick, schließt die Augen und ruft dieses Bild aus seiner Erinnerung wieder wach. »Plötzlich spürte ich den leisen Hufschlag der Rentiere in der Luft ... Er kam immer näher. Es war keine große Herde, nur ein paar Tiere. Plötzlich kamen hinter einem sanften Hügel, den ich sehr gut kannte, vier weiße Hirsche hervor. Sie zogen einen Schlitten, der von meinem Großvater gelenkt wurde. Mich ängstigte das, denn ich wusste doch, dass Großvater und die Hirsche bereits seit langem tot waren. Doch das Bild war sehr deutlich. Großvater stoppte den Schlitten neben mir und spannte die Rentiere, ohne ein Wort zu sagen, aus. Das Geschirr ließ er im Schlitten liegen, und dann ging er zum Hügel. Ich stand wie gelähmt da. Plötzlich drehte sich Großvater zu mir um und sagte: ›Dies ist mein letztes Geschenk für dich. Du sollst eine Herde gründen.‹ Ich konnte kein Wort sagen. Großvater löste sich in der Weite auf, und ich war nicht mehr allein in der Tundra. Neben mir standen vier weiße Rentiere ... Als ich am nächsten Morgen aufwachte, hatte ich keine Zweifel, was ich tun sollte. Ich wusste, ich muss eine Rentierherde gründen.«

In der Zwischenzeit hatte sich das Boot mit Fischen gefüllt. Die Sonne stand schon ziemlich hoch am Horizont. Die Stille dieser polaren Johannisnacht wurde durch den Lärm des Motors unterbrochen. Die Stimmung änderte sich sofort – das Klima für intime Gespräche war dahin. Der japanische Bootsmotor schob uns im rasenden Tempo zurück nach Jar-Sale. Hinter uns ließen wir eine breite Kielwasserspur auf dem Fluss und die einzigartige Stimmung dieser einmaligen Nacht. Mit uns brachten wir echte sibirische Fische und die Erinnerung ...

Nach etwa zwei Stunden wahnsinniger Fahrt kamen wir an der Anlegestelle der Siedlung an. Der Motor schwieg endlich wieder.

Es ist vier Uhr morgens. Um uns wieder nur Stille. Schweigend legen wir die Mussune in Plastiksäcke. Einige Male laufen wir von der Anlegestelle bis zur nahen Wohnung. Seit einem Monat renoviert Kyrill sie. Er zeigt uns die Fenster, die er selbst neu eingebaut hat, die dazugebaute Veranda, die umgebaute Tür ... Schließlich sitzen wir in Kyrills kleiner Küche. Erst jetzt merken wir, wie müde wir sind. Traditionsgemäß trinken wir starken, russischen Tee und essen schmal geschnittene Mussun-Streifen. Ich will das Schweigen nicht als Erster brechen. In den letzten Stunden hatten wir so viel voneinander erfahren. Plötzlich sagt Kyrill: »Weißt du, was für mich das Schwierigste an der Firmenleitung ist? Es ist gar nicht der Geldmangel oder der ganze Papierkram. Am schwersten gewinnt man das Vertrauen von Menschen.«

Winterfreuden in Sibirien wie überall: Boike Rabe, Kyrill und Pascha Saratetto auf dem zugefrorenen Ob

Ich frage Kyrill nach Einzelheiten. Seine Firma ist eine Art Genossenschaft. Die Familien aus dem Saratetto-Clan brauchten einen Anführer, der das alljährliche Weiden der Rentiere sinnvoll organisiert. Einen Leader, der plant, welcher Teil der Tiere zum Schlachten, welcher zum Vermehren der Herde am besten geeignet ist. Zu entscheiden ist noch, wie viele Mitarbeiter zu den Herden in die Tundra sollen und wie viele zum Fischen auf den Fluss, damit das menschliche Potenzial effizient genutzt wird. »Eben damals kaufte ich meine ersten Hirsche. Vier Stück – natürlich weiß, wie es mein Großvater wollte. Und als die Familien zu mir kamen und jemand fragte, ob ich mich nur um meine eigene Sache kümmern oder auch die Interessen des gesamten Clans vertreten würde – sollte ich da sagen, dass ich nur an mich denken würde?«

Kyrill kann nicht mehr ruhig sitzen. Nervös läuft er durch die Küche hin und her und redet passioniert weiter. »Mein Großvater sagte immer: ›Wer über die Hirsche herrscht, herrscht über die ganze Erde.‹ Doch wir haben hier einen großen Gegner – Öl und Gas. Am liebsten würden sie die ganze Tundra umgraben, damit weitere Millionen Petrodollar auf die Bankkonten der Oligarchen fließen. Und die Menschen, die das Öl und das Gas fördern, die müssen auch essen. Ihnen kann man die Lebensmittel mit dem Hubschrauber bringen – dann verkauft man das Öl halt ein wenig teurer, wenn es sein muss. Doch wenn man uns die Tundra wegnimmt, gehen wir einfach zugrunde. Wenn es für uns eine Überlebenschance gibt, dann nur in möglichst großen Gruppen. Sonst werden wir einer nach dem anderen sterben. Ein paar von uns lassen sie in einem Freilichtmuseum leben, um Touristen zu zeigen, wie wir Rentierblut trinken und rohes Fleisch essen. Der Rest säuft sich zu Tode ...«

Als ich Kyrill anschaue, habe ich keinen Zweifel: Er würde nicht zugrunde gehen, und schon gar nicht kampflos. »Meine Firma nannte ich NGERM – in unserer Sprache heißt das NORDEN. Wir vereinen 30 Familien, das sind etwa 1500 Personen und 3500 Rentiere. Darunter sind vier Hirten- und zwei Fischergruppen. Wir vereinen arme Familien aus unserem Clan. Die meisten sind verschuldet. Doch die Armen wissen sogar die kleinste Verbesserung in ihrem Leben zu schätzen. Der erste Schritt ist immer die Schuldenabzahlung. Die Firma kann arm sein, doch sie muss gesund sein. Der zweite Schritt ist die Suche nach einem günstigen Kredit. Es geht hier nicht um großes Geld – es sind etwa 10 000 bis 12 000 Dollar. Der dritte Schritt ist der Ankauf neuer Tiere. Später kommt vielleicht die Zeit für Luxus, das heißt, ein Minimum an Kommunikationsmitteln. Jedes Team in der Tundra sollte irgendwann ein Satellitentelefon und ein GPS-Gerät haben, um im Falle eines Unglücks schnell und präzise geortet werden zu können. Denn unsere Tundra nimmt jedes Jahr über zehn Personen für immer mit sich. Wenn draußen –30 °C und Schneesturm herrschen, ist Schluss mit Scherzen. Na, und schließlich Investitionen in Boote, Motoren und Netze ... In Wirklichkeit ist es so: Die Rentiere lassen uns leben, doch es sind die Fische, die uns das Geld bringen ...«

Es ist sieben Uhr morgens. Kyrills Handy klingelt. Um acht Uhr hat er einen Termin bei der Bank. Die Johannisnacht auf Jamal geht zu Ende. Eine Nacht, die vieles in sich vereinte: eine Erzählung über die jahrhundertelange Tradition der Jamal-Völker, über die Kindheit des Nenzen Kyrill Saratetto, über seine unternehmerischen Pläne und über die Zukunft der einmaligen Tundra, in der immer noch weiße Hirsche weiden ...

Sümpfe, Flüsse, Seen: Die fast menschenleere Tundra, ein unvergessliches Erlebnis

Die Abenteuer der Familie Studte aus Sachsen-Anhalt

Tagebuch Kathrin Studte – im Januar/Februar 2004 Im ZDF sahen wir die Dokumentation *Sternflüstern**, die von zwei deutschen Familien handelt, die einige Monate in Sibirien am Baikalsee lebten. Die Filme waren sehr spannend und so konnten wir den jeweils nächsten Teil kaum erwarten. Auch dass eine Familie aus Stiege in Sachsen-Anhalt dabei war, fanden wir enorm aufregend, war der Ort doch nur eine knappe Autostunde von uns entfernt, die Familie also fast Nachbarn von uns. Bei jeder Folge schwärmte mein Mann aufs Neue – als Jäger sah er sich in Gedanken schon in Sibirien auf der Pirsch. Träumen darf man ja, dachte ich mir.

Im April 2004 Wir verfolgten im ZDF den Aufruf für die zweite Runde von *Sternflüstern**. Da Erik sofort Feuer und Flamme war, gingen wir gleich unter www.zdf.de ins Internet und druckten uns den Bewerbungsbogen aus. Erik drängte mich hartnäckig, ihn auch auszufüllen – »Sie nehmen uns ja sowieso nicht«, meinte er, »die hatten doch das letzte Mal schon eine Familie aus Sachsen-Anhalt.« Wir, mit unserem Bauernhof und mit ihm als Jäger, würden ja dort gut klarkommen, die suchten sicher Leute, für die so ein Leben Neuland wäre. Schließlich gab ich nach, wir beantworteten alle Fragen nach bestem Wissen und Gewissen, suchten schnell ein paar Fotos raus und schickten alles an das ZDF.

Im Mai 2004 Erik fragte so ganz nebenbei, ob die vom ZDF sich wohl melden würden. Ich wusste erst gar nicht, was er meinte. »Na, die Bewerbung beim ZDF für *Sternflüstern**!« Ach so, die, na ja, schließlich war der Bewerbungsschluss erst Ende Mai.
Ungefähr eine Woche später klingelte mein Handy. Erik klang ganz aufgeregt, ich solle mal raten, wer sich telefonisch bei ihm gemeldet hätte ... das ZDF – sie wollten ein Casting mit uns machen. 1000 Fragen schwirrten mir sogleich durch den Kopf, die mir mein Mann aber auch nicht beantworten konnte. Das Casting wurde für Montag, den 24. Mai, vereinbart, was uns sehr recht war, denn ich hatte Urlaub und Jana Ferien. Sie sollte natürlich auch dabei sein, darum wurde extra gebeten. Doch sie schien weniger aufgeregt als ich!

20. Mai (Christi Himmelfahrt) Unser Meseberg ist ein kleines Dorf, und wenn das ZDF mit Kamera anrollt, bleibt das natürlich nicht unentdeckt. Außerdem fanden gerade Dorferneuerungen statt, einschließlich Verlegung von neuen Wasser- und Abwasserleitungen – und da durch unseren großen Bauernhof ein riesiger Graben (ca. 1,80 m tief und 25 m lang) läuft, erzählten wir unseren Freunden besser mal, dass am Montag das ZDF zu uns kommen würde. Zu unserer Belustigung glaubte uns erst mal niemand.

Sonntagabend, 23. Mai Anruf von Stanislaw Krzeminski. Sein Navigationssystem versuchte, ihn mit drei angebotenen Orten namens Meseberg zu verwirren, und so fragte er, welches das richtige sei. Nach einer ausführlichen Anfahrtsbeschreibung gaben wir ihm noch den Tipp, die Durchfahrtverbotsschilder, die wegen der Dorferneuerung überall aufgestellt waren, einfach zu ignorieren.

Montag, 24. Mai Wir waren schon früh wach. Erik fuhr wie immer um 6.30 Uhr zur Arbeit. Jana und ich gingen noch schnell Kuchen und Baguette einkaufen. Aufgeregt deckten wir den Kaffeetisch. Dann kam endlich das ersehnte Auto mit Mainzer Kennzeichen und brachte Stanislaw Krzeminski, den Kameramann und den Tonassistenten.

Als wir über den Hof gingen, begann Krzeminski, Erik ganz nebenbei Fragen zu stellen. Die anderen beiden bauten in Ruhe und wie zufällig Kamera und Mikrofon auf. Erik erläuterte die Gebäude, erzählte, wie der Hof früher bewirtschaftet wurde ... Erst jetzt bemerkten wir, dass die Kamera bereits lief, oh je!

Auch Jana begrüßte das ZDF-Team und ließ dann unseren Jagdhund Birko los, den wir ja unbedingt würden mitnehmen wollen. Sie zeigte unser Hausschwein namens »Doppelkorn« und unsere Gänse und Hühner. Dann wollte sich das Filmteam auch im Haus umsehen. Schließlich setzten wir uns alle zum Kaffeetrinken an den Tisch und Krzeminski erzählte, dass sich schon über 350 Familien beworben hätten und sie zurzeit bei 22 Familien ein Casting durchführen würden. Wir bekämen bald Bescheid, ob wir in die Endrunde von vier Familien gekommen sind. Diesmal solle es viel weiter in den Norden gehen, an das Nordpolarmeer. Mehr konnte oder wollte er uns erst einmal nicht sagen, da das ZDF zurzeit noch auf der Suche nach einem geeigneten Ort war.

Dann wurden wir alle noch getrennt interviewt. Zuletzt Jana in ihrem Zimmer. Bis heute ist es uns noch ein Rätsel, wie drei Erwachsene, ein Kind, eine große Kamera und das Mikro an einer langen Stange in das kleine Zimmer gepasst haben.

Im Juni 2004 Etwa 14 Tage später meldete sich Stanislaw Krzeminski, wie versprochen. Ich konnte es kaum glauben, als er uns mitteilte, dass wir tatsächlich in der Endrunde waren! Jetzt standen die Chancen 50:50, denn zwei Familien werden fahren.
Am Montag bekam ich – Gott sei Dank – von meinem Arbeitgeber grünes Licht. Mittwoch kamen Bernd Reufels, der Regisseur, und sein Kameramann Lars Hauck. Sie wollten uns kennen lernen, denn schließlich waren sie diejenigen, mit denen wir – sollten sie uns nehmen – drei Monate in Sibirien verbringen würden. Jetzt erfuhren wir auch mehr über die Planung: Dieses Mal sei vorgesehen, einen Teil der Zeit mit Nomaden und ihren Rentieren im Zelt umherzuziehen. Meine größte Sorge galt dabei den kalten Temperaturen und den hygienischen Gegebenheiten, doch die Nomaden frieren ja schließlich auch nicht … Beim Kaffeetrinken holte Jana ihren Atlas, und das ZDF-Team zeigte uns, wo es in etwa hingehen würde. Ganz schön weit in den Norden, dachte ich. Aber jede noch so kleine Neuigkeit machte uns vertrauter mit dem Gedanken, dort für eine Weile zu leben.

Im Juli 2004 Zwei Wochen nach dem Casting dann die zweite Nachricht – sie hätten sich für uns entschieden! Wir hielten ein erstes offizielles Schreiben in der Hand. Wow, nun hatten wir es schwarz auf weiß: Wir fahren nach Sibirien! Im Flur machten wir eine Wand zu unserer »Sibirien-Tafel«, auf die wir alle Informationen hefteten.
Von Janas Schuldirektion bekamen wir die Freistellung. Nun kam uns allerdings der im Februar gebuchte Sommer-Jah-

Erik, Jana und Kathrin Studte stiegen nach 47 Stunden Bahnfahrt auf das Schiff, das sie über den Ob nach Jar-Sale brachte.

resurlaub in die Quere: 14 Tage Erholung, sechs Wochen arbeiten, für Jana 14 Tage Schule – und dann drei Monate Sibirien! Wir wollten noch einmal +30 °C genießen, bevor es dann zu –30 °C gehen sollte. Und wir mussten Russisch lernen.

Im August 2004 Wir hatten einen großen Gesundheitscheck zu absolvieren, was neben der Arbeit gar nicht so leicht war. Zum Glück hatte Jana noch Ferien. Und dann abends noch der Russischunterricht.
Unsere Abschiedsparty fiel leider regelrecht ins Wasser – es goss wie aus Kübeln. Unser Freund Torsten kam in russischer Uniform und einer roten Fahne mit Stern. Seine Frau Susanne ebenfalls in Uniform und einem Radio auf der Schulter, das russische Musik spielte. Dahinter unsere anderen Freunde, alle eine *schapka* auf dem Kopf. Wir stießen natürlich nicht mit Sekt, sondern mit Wodka an.

Sonntag, 5. September Heute war nun unser großer Tag. Endlich sollte es losgehen. Wir konnten alle vor Aufregung nicht richtig schlafen. Eigentlich war alles fertig gepackt, aber die Unruhe blieb doch.
Das ZDF filmte unsere Abreise, tränenreicher Abschied von Eltern und Freunden. Noch ordentlich gewunken – weg waren wir.
In Berlin sollten wir in einem sehr schönen Hotel unseren letzten Luxus für lange Zeit genießen dürfen. Abends ging es dann noch zum Brandenburger Tor und zum Essen ins Sony-Center.

6. September Das Frühstück wäre absolut Spitze gewesen, wenn man es hätte in Ruhe verzehren können. Aber leider

öffnete das Restaurant erst um 6.30 Uhr und um 6.45 Uhr wurden wir bereits abgeholt. Um 9.45 Uhr flogen wir Richtung Moskau.
Pünktlich (!) angekommen, alle Zollmodalitäten erledigt (Dauer ca. eine halbe Stunde und nicht gerade freundliche Mienen), unsere Koffer geschnappt und zum Ausgang gesprintet, in der Hoffnung, dass wir hier auch wirklich abgeholt werden. Tatsächlich, da stand Ina, unsere russische Reisebegleiterin. Unser *sdrastwuj* und *menja sowut* verstand sie sofort und alles Weitere kam von selbst. Ein Kleinbus brachte uns ins »Minsk« und verblüfft nahmen wir den gewaltigen Unterschied zum Hotel in Berlin wahr. Das »Abenteuer« fing nicht erst in Sibirien an …
Wir stellten unsere Uhren zwei Stunden vor. Dann ging es auf zur Stadtrundfahrt – mit einem Lada durch Moskau. Ich war froh, dass ich hinten saß, denn ich sah, wie Erik krampfhaft versuchte, sich irgendwo festzuhalten, immer wieder zu mir nach hinten blickend, weil ich mich über seine Bemühungen köstlich amüsierte. Die Russen und ihre Fahrweise! Aus zwei Fahrspuren werden vier gemacht, Ampeln teilweise nicht registriert oder bewusst ignoriert. Ihre Farbe spielt keine Rolle, Hauptsache Gas geben und hupen. Fasziniert betrachteten wir den Kreml, das Bolschoi-Theater, die Universität, das Stadion und genossen einen herrlichen Blick von der höchsten Straße Moskaus auf die Stadt. Wir waren überrascht, wie viel hier restauriert worden war.

7. September Um 8.30 Uhr aufgestanden, dann alle drei noch einmal unter die Dusche, die nicht sehr einladend aussah. Aber wer wusste, wann wir das nächste Mal duschen konnten? Nach dem Frühstück wanderten wir Richtung Kreml, obwohl es in Strömen regnete – schließlich wollten wir was von Moskau sehen. Um 17 Uhr sollte uns der Kleinbus vom Hotel abholen, um uns zum Bahnhof zu bringen. Dort kauften wir noch Proviant und bezogen unser Schlafabteil. Als Erik es mit unserem Gepäck betrat, bekam er im ersten Moment gehörige Platzangst, denn unsere vier großen Koffer und er füllten das Abteil vollkommen aus. Es war alles recht beengt. Aber als dann das Gepäck verstaut war, ging es ganz gut. Und Ina, die uns auf der ganzen Fahrt begleitete, fand Platz im Abteil nebenan.

8. September Die Zugfahrt schien endlos. Doch die Landschaft, durch die wir fuhren, bot Abwechslung: herrliche Wälder, Flüsse und Sümpfe, dann aber auch recht verwahrloste Häuser. Der Zug war sehr sauber, der Speisewagen hübsch eingerichtet: Alles war in Blau gehalten und mit Rentiermotiven verziert. Schöne Einstimmung auf das, was uns erwartete!

9. September Die Nacht im Zug haben wir ganz gut verbracht, besser als die erste. Langsam wurde uns dann aber recht eng. In der Ferne waren die schneebedeckten Berge des Urals zu sehen. Unser Weg führte leicht und stetig bergauf, sodass wir den Höhenunterschied nicht wirklich spürten. Durch Täler und Schluchten, wie wir uns das vorgestellt hatten, fuhren wir leider nicht.
Um 18.07 Uhr sollte der Zug in Salechard ankommen. Unglaublich – bei einer Fahrt von 47 Stunden hatten wir tatsächlich nur wenige Minuten Verspätung. Wir wurden von Bernd Reufels, Lars Hauck, Kai Gusovius und zwei russischen Fahrern in Empfang genommen, verabschiedeten uns von Ina, die am nächsten Tag nach Moskau zurückflog. Dann ging es zur Fähre, vorbei am Wahrzeichen des Nördlichen Polar-

kreises mit seinen zwei großen spitzen Türmen und dem beleuchteten Halbkreis. Wir überquerten den Ob, um das Schiff zu errreichen, das um 22 Uhr ablegen sollte.
Unsere Kabine war für echte Abenteuerurlauber ausgestattet: Die zwei unteren Betten bestanden nur aus Brettern und das obere aus einer alten Tür, die auf zwei Stützen lag (es waren noch die Scharniere dran, sodass man diese »Liege« eindeutig als Tür identifizieren konnte). Über die sanitären Anlagen mag man kein Wort verlieren. Zum Glück bekamen wir saubere Bettwäsche, konnten aber nur sehr wenig schlafen.

10. September Am Morgen gingen wir an Deck und wurden vom ZDF-Team gefilmt, das mit einem Motorboot unser

Das Kamerateam begleitete Jana Studte bei ihrem ersten Schulbesuch in Jar-Sale.

Schiff umkurvte. Unser Schiff legte nirgends an, sondern hielt einfach unterwegs – mitten auf dem Fluss –, wo die Passagiere mit kleinen Motorbooten zur Anlegestelle gebracht wurden. Auf diese Weise kam auch Stanislaw Krzeminski zu uns, und wir freuten uns sehr, als wir ihm so plötzlich gegenüberstanden.

Gegen zwölf Uhr sahen wir dann, inmitten der Tundra, unser Ziel auftauchen. Etwa eine halbe Stunde später legten wir an. Vom Deck ganz oben hatten wir eine atemberaubende Sicht: Wir sahen die Siedlung, in der wir nun drei Monate leben sollten, dann kilometerweit nichts mehr, in welche Himmelsrichtung man auch blickte. Die Weite schien wirklich unendlich.

Am Anlegeplatz wurden wir in Empfang genommen und zu dem Haus gebracht, in dem wir wohnen sollten. Leider bezogen wird nur eine Wohnung in einem Mehrfamilienhaus – schade, hatten wir uns doch auf ein eigenes Haus mit Garten und Tieren gefreut, wie es bei den Familien in der ersten *Sternflüstern**-Staffel der Fall gewesen war.

Aber das haben wir ja auch zu Hause, hier reichte uns die Wohnung, wenngleich wir auf Komfort wie Waschmaschine, Geschirrspüler und warmes Wasser verzichten mussten, was ja auch eigentlich klar war.

Das anfängliche Problem der Wasserversorgung in der Küche wurde vom russischen Vermieter ohne große Worte mit Hilfe von zwei Schraubschlüsseln und einer Zange sofort in Ordnung gebracht.

11. September Die erste Nacht in unserem neuen Zuhause für das nächste Vierteljahr: Wir haben alle so gut geschlafen wie seit Tagen nicht mehr. Um zehn Uhr sollten wir zum Beerensammeln abgeholt werden.

Mit dem Jeep fuhren wir ein ganzes Stück in die geheimnisvolle Tundra. Obwohl wir nur kleine und vereinzelte Beeren fanden, die man auf der Erde kaum sehen konnte, machte es wirklich Spaß, und wir schafften es schließlich, den Boden unseres Eimers bedeckt zu bekommen. Wir bestreuten sie später mit etwas Zucker und aßen sie als Kompott.
Am Nachmittag saßen Jana und ich an der Aufstellung, welche Schularbeiten jeden Tag zu erledigen sind. Am Abend lernten wir dann die andere deutsche Familie bei einem Grillfest in der Tundra kennen. Die fünf Kinder von Familie Rabe machten auf Anhieb einen sehr sympathischen Eindruck. Jana und Aneken Rabe, die beide zwölf Jahre alt sind, haben sich besonders gut verstanden. Das Wetter allerdings war scheußlich, es regnete in Strömen. Am Feuer ließ es sich dennoch ganz gut aushalten. Wir grillten Fleischspieße, aßen dazu Brot, tranken Bier, Brause und Tee. Die Kinder stopften sich mit Waffeln voll.

Jana: Ausflug in die Tundra

Heute Morgen waren wir Beeren sammeln. Das war sehr mühsam, denn sie waren sehr klein. Viel aufregender war, wie Lars und Charlotte Schienen und Kamera aufbauten. Das ZDF-Team filmte an diesem Abend noch unser Picknick mit der anderen Familie, die wir hier erst kennen gelernt haben. Ich habe mich mit Aneken Rabe angefreundet und hoffe, dass wir uns in Zukunft öfter sehen.

Tagebuch Kathrin Studte – 12. September Wir gingen zum Hafen, den wir uns seit der Ankunft noch nicht richtig anschauen konnten, und trafen dort Kyrill, der uns ein Schiff zeigte, das als Einkaufsladen dient. Dort gab es wirklich alles, von Haushaltswaren über Möbel, Elektronik, Schmuck,

Spielzeug, Lebensmittel und vieles mehr. Am Nachmittag machten wir Aufnahmen mit dem ZDF-Team, bei einem Spaziergang durch die Siedlung und auf dem Einkaufsschiff, inklusive Schlangestehen.

13. September Heute war Eriks erster Arbeitstag bei der Kolchose und auch Jana wurde früh geweckt, denn wir wollten zur Schule und uns den Unterricht dort ansehen. Sie war sehr aufgeregt und fragte mich mindestens 100 Mal, ob sie denn wirklich unbedingt dorthin müsse, obwohl sie sich andererseits darauf freute, andere Kinder kennen zu lernen.
Die Schule war sehr modern, verfügte sogar über Computer und machte einen guten Eindruck. Nach der ersten Stunde erzählte Jana, dass sie nicht viel verstand und dass die Kinder beim Antworten immer aufstehen müssten. Sie war »hellauf begeistert«, als wir ihr sagten, dass sie morgen am gesamten Unterricht teilnehmen soll. Wir hatten ausgemacht, dass sie einmal einen ganzen Tag und dann stundenweise hingeht. Es wurden zwei Mädchen in der Klasse bestimmt, die sich um Jana kümmern und sie überall mit hinnehmen sollten.
Nach der Schule kauften wir gleich noch Trainingshose plus Turnschuhe für den Sportunterricht. Als Erik nach Hause kam, wurde er von Jana gleich mit zwei Mülltüten in der Hand begrüßt. Hier ist es so, dass das Müllauto montags, mittwochs und freitags durch die Straße fährt, hupt und alle ihre Tüten in das langsam fahrende Auto werfen.
Morgen ist mein erster Tag im Kindergarten, mal sehen, ob ich dort ein bisschen was tun kann …

Jana: Mein erster Schultag

Wie erste Schultage nun mal sind, fand ich den heutigen hier doof. Eigentlich wollten uns nur mal die Schule und die Räu-

Jana in der Schule: Cool! Und gleich eine Menge neuer Freunde

me ansehen, aber nach dem Rundgang mit der Direktorin sollte ich gleich in die neue Klasse. Anfangs war noch das Kamerateam mit drin. Ich verstand ein paar Wörter, aber die Lehrerin sprach so schnell, das ich nicht lange mithalten konnte. Ich muss morgen die ganzen Stunden mitmachen, wie die anderen Kinder. Den Stundenplan weiß ich auch noch nicht, den sieht man erst morgens. Zwei Schülerinnen sollen mir dann zeigen, in welchen Räumen wir Unterricht haben. Meine neue Klasse ist sehr groß. Viele Namen konnte ich mir nicht merken, aber den von unserer Lehrerin.

Tagebuch Kathrin Studte – 14. September Heute musste Erik um 5.15 Uhr aufstehen, da um sechs Uhr seine Arbeit bei der

Kolchose begann. Jana und ich waren um acht Uhr mit dem ZDF-Team an der Schule verabredet. Dort erwartete uns fast die ganze Klasse und sie zerrten Jana, nachdem sie Jacke und Schuhe gewechselt hatte, im Schlepptau zum Unterricht. In der ersten Stunde hatten sie Zeichnen. Ich verabschiedete mich und ging erst einmal nach Hause.
Kurze Zeit später kam Erik von der Arbeit. Wir frühstückten erst einmal in Ruhe und setzten Wasser für eine gründliche Reinigung auf.
Mittags kam Jana aus der Schule, und als ich fragte, wie es war, gab es nur eine Antwort: Cool ...! Sie zog sich um und berichtete dann ausführlicher: Die Kinder und Lehrer seien alle wahnsinnig nett. Sie hatte Zeichnen, Englisch, Russisch und Sport. Auf dem Nachhauseweg sei sie ganz alleine in einen Laden gegangen, um sich einen Riegel zu kaufen. Da es mich freute, dass sie sich das traute, bekam sie wegen der ungesunden Nascherei diesmal keinen Ärger.
Abends kamen ein paar Kinder, die in der Schule einen Fernsehfunk machten. Sie wollten die deutschen Familien interviewen und uns über den Regionalsender hier im Ort bekannt machen. Das sollte dazu dienen, dass die Ortsansässigen darüber informiert werden, warum und wie lange wir hier sind. Am Donnerstag soll es hier ausgestrahlt werden.

15. September Ich brachte Jana wieder zur Schule und sagte ihr aber, dass sie ab der nächsten Woche alleine gehen müsse. Ich wollte sie eigentlich bis in ihren Klassenraum bringen, aber gleich am Eingang rief eine ganze Meute »Jaaaanaaaa«, sodass mir nichts anderes übrig blieb, als Tschüss zu sagen und nach Hause zu gehen. Unterwegs überlegte ich mir, dass ich eigentlich Erik abholen könnte. Als er dann aus seiner Kolchose kam, sagte ich ihm, dass zu Hause schon frische Bäckerbrötchen und ein gut duftender Kaffee warteten. Ich erntete nur ein »Sehr witzig« und wir machten uns zu Hause über drei Tage altes Brot und etwas sehr flüssige Marmelade her. Tja, obwohl es hier wirklich reichlich zu essen gibt, muss man doch auf die ein oder andere Lieblingsspeise verzichten …

Mein Mann erzählte mir dann, dass er in einer Stunde wieder zur Arbeit sollte, da sie schlachten wollten. Sie hatten ihm nur das typische Zeichen dafür gezeigt (Hand quer vor dem Hals), um welche Tiere es ging, wusste er nicht.

Ich ging dann einem meiner liebsten Hobbys nach und wusch Wäsche – mit der Hand wohlgemerkt. Später kam Bernd vorbei und sagte mir, dass es mit dem Kindergarten ein Problem gäbe, denn ich bräuchte ein Gesundheitszeugnis. Er fragte mich, ob ich so etwas machen lassen würde. Das Krankenhaus hier sei sehr gut ausgestattet, hat sogar Röntgen und Ultraschall. Ich war einverstanden.

Jana kam nach der Schule mit drei russischen Kindern nach Hause und ich war froh, wie gut sie sich schon jetzt mit ihnen verstand.

Jana: In der Schule

Heute war mein dritter Schultag und ich fand ihn schön! Ich brauchte nur vier Stunden mitzumachen, aber ich blieb auch die fünfte, weil es mir so gut gefiel. Die Klasse und die Lehrer sind alle nett. Heute hatten wir Feueralarm in der Schule. Zum Glück hatte ich meine Jacke an, denn es war ziemlich kalt. Danach mussten wir uns wieder konzentrieren, wir hatten Russisch. Unsere dritte Stunde war im Computerraum. Ich sollte mitschreiben, konnte aber die Schrift an der Tafel nicht lesen … Ca. 13.30 Uhr haben wir gegessen und danach machte ich zu Hause was für die Schule in Deutschland.

Tagebuch Kathrin Studte – 16. September Das ZDF Team fuhr heute mit mir zum Kindergarten, wo ich mich wegen einer Arbeit vorstellte. Die Arbeitszeit soll immer von acht bis zwölf Uhr dauern. Danach ging es ins Krankenhaus, wo mir erklärt wurde, dass eine Woche lang jeden Tag Untersuchungen stattfinden sollen und ich einen HIV-Test machen müsse, dessen Ergebnis frühestens in einer Woche vorläge.

17. September Heute Morgen war das ZDF-Team zum Filmen bei Erik auf der Arbeit. Jana ging das erste Mal alleine zur Schule, da ich für die erste ärztliche Untersuchung abgeholt wurde. Auch bei mir sollten Aufnahmen gemacht werden, was sich aber als äußerst schwierig erwies, da man in der Klinik eine Drehgenehmigung brauchte. Besonders zickig war eigentlich nur die Chefin, alle anderen waren recht freundlich. Immer wenn diese im Büro verschwand, drehte Charlotte schon mal weiter und wir standen Schmiere ... Nach einer Ewigkeit wurde von einer Schwester ausgerichtet, dass grünes Licht erteilt wurde.

18. September Wir verbrachten den Tag mit Kartenspielen und Spazierengehen. Beim Abendbrot klopfte es auf einmal an unserer Tür. Als Jana öffnete, kam ein stark angetrunkener, aber trotzdem höflicher Mann in den Flur, um uns Öl und Tee zu verkaufen. Er ließ sich erst zum Gehen bewegen, als er sich überzeugt hatte, dass wir bereits von beidem reichlich besaßen. Man sagte uns, dass so etwas hier üblich wäre.

19. September Erik und ich beschlossen, am Montag eine Wanderung in die Tundra zu unternehmen. Für Jana ist so eine lange Strecke nichts (sonst hätten wir es am Sonntag in Angriff genommen).

Heute gingen wir wieder zum Hafen, da dort vieles günstiger und frischer zu bekommen ist als in der Siedlung. Aber es war weit und breit kein Schiff zu sehen, nur kleine Motorboote, die uns auf die Idee brachten, mit einem Boot rauszufahren. Bei unseren Top-Russisch-Sprachkenntnissen vermieden wir, uns persönlich darum zu kümmern, liefen stattdessen zum Hotel, in dem das ZDF-Team wohnte. Wir brachten unser Anliegen vor und man wollte es auch gleich in Angriff nehmen. Wir verabredeten uns dann mit Oxana für 15 Uhr an der Schule, denn sie wollte uns den Stundenplan vorlesen, damit wir entscheiden können, zu welchen Stunden Jana zur Schule geht.
Wir erfuhren von der stellvertretenden Schuldirektorin, dass hier auch sonnabends Schule sei, was Jana natürlich sofort begeisterte ... Dann teilte sie noch mit, dass am Wochenende auch Arbeitsgemeinschaften wie Zeichnen, Tanzen und Singen stattfinden, und lud Jana ein, an irgendetwas teilzunehmen. Wir waren gleich dafür, hatten bei Jana allerdings erst einmal keine Chance, sie für die Tanzgruppe zu begeistern.
Oxana sagte uns, dass es mit dem Boot morgen Früh klappen würde, und wir verabredeten uns für acht Uhr beim Hotel. Wir wollten uns gern an eine Stelle fahren lassen, wo wir ein paar Stunden wandern konnten. Pro Stunde kostet das Boot 200 Rubel, mal sehen, wie wir uns einig werden.

20. September Als Erik und ich zum Hafen gingen, wartete schon ein älteres, typisch sibirisches Ehepaar auf uns. Als wir losfuhren, schienen sie das mit dem Wandern irgendwie nicht richtig verstanden zu haben, denn sie fuhren von Anfang an in die falsche Richtung. So blieb uns nichts anderes übrig, als einfach alles auf uns zukommen zu lassen. Nun,

schließlich wollten wir ein Abenteuer und das beginnt ja meist damit, dass man nicht weiß, was einen erwartet. Nach einer dreiviertel Stunde legten wir am Ufer an. Die Fahrt war herrlich und vor uns tat sich eine entzückende, fast vollkommene Landschaft auf. Der stille Fluss, die Enten und die Morgendämmerung, das alles war so wunderschön und wurde nur durch den lauten Motor ein wenig beeinträchtigt. Plötzlich fanden wir uns inmitten der Tundra wieder, umgeben von nichts als Wasser.
Zum Abschluss besuchten wir noch ein Dorf, das viel kleiner und nicht so modern ist wie unseres. Sie sagten, dort leben an die 40 Menschen von Rentieren und Fischfang. Unsere Siedlung und dieses Dorf liegen etwa 30 km auseinander.
Der Ausflug war rundum schön und wir fühlten uns unglaublich frei.
Nachmittags haben wir im Ort ein Telefon gesucht, um uns zu Hause in Deutschland zu melden. Wir vertelefonierten 245 Rubel und waren wieder auf dem aktuellsten Stand.

21. September Heute ist Erik wieder zur Arbeit gegangen. Als sich um 6.50 Uhr jemand an unserer Wohnungstür zu schaffen machte, saß ich kerzengerade im Bett. Aber nein, es war kein Einbrecher – es war mein durchgefrorener Ehemann, der wieder nach Hause gekommen war, da er keinen bei der Arbeit angetroffen hatte. Er sagte, er habe eine dreiviertel Stunde gewartet.
Später schaute Bernd vorbei, der aus der Tundra zurückgekehrt war (er besuchte mit Familie Rabe Fischernomaden) und fragen wollte, wie es uns geht. Wir haben eine ganze Weile geplaudert, er von seinen Erlebnissen, wir von Dingen, die hier in der Zwischenzeit passiert sind. Unter anderem, dass

Jana heute Abend ihre erste Tanzprobe hat – da lud Bernd sich gleich zum Filmen ein. Doch die Tanzstunde fiel ins Wasser, da die Lehrerin nicht erschien.

22. September Um 9.45 Uhr wurde ich von Oxana ins Krankenhaus gebracht, denn es stand noch Röntgen auf dem Untersuchungsplan. Dann hieß es auf einmal, ich müsse noch zum Augen-, Ohren-, Zahn- und Frauenarzt (eigentlich wollte ich nur was mit Kindern zu tun haben und nicht mit Männern), zum Psychologen (wie der Arzt und ich Gespräche führen sollen, ist mir allerdings schleierhaft) usw. Oxana bot an, alle Ärzte mit mir abzuklappern, was mir dann aber doch zu viel war. Ich bat sie, erst einmal mit Bernd zu sprechen, denn auf bestimmte Untersuchungen hatte ich hier wirklich keine Lust. Das wäre ja ein Rundum-Check, als ob ich zehn Berufe auf einmal ausüben wollte. Bernd zeigte Verständnis und wollte erst einmal versuchen, ob ich nicht eine Art Praktikum ohne den ganzen Kram machen könne.
Nachmittags beim Kartenspielen sprang Jana auf einmal auf und lief aufgeregt zum Fenster. Draußen schneite es stürmisch, aber es blieb, zu Janas großer Enttäuschung, nichts liegen. Abends kamen Bernd, Charlotte und Jacek, um uns beim Wäschewaschen zu filmen. Um 21 Uhr erschien dann unser Interview im russischen Fernsehen, und wir schauten es uns gemeinsam an. Danach wurde mit jedem von uns noch ein deutsches Interview gemacht.

23. September Als wir heute aufstanden, lag das erste Mal Schnee – eine hauchdünne Schicht, die im Laufe des Tages allerdings verschwunden war. In der Siedlung wurde gehämmert und genagelt, alle Leute machten ihre Häuser winterfest.

Jana war bei Familie Rabe, um mit den Mädchen zu spielen. Später kam sie mit Aneken zu uns, die nachher mit ihrer Schwester ebenfalls zum Tanzen gehen wollte. So trafen wir uns erneut am Abend in der Schule.

24. September Heute kam Erik nachdenklich von der Arbeit. Je kälter es wird, desto mehr Ratten sammeln sich im Stall. Dazu noch das frühe Aufstehen in der Kälte. Er hat dazu keine Lust mehr. Als Bernd Jana zum Sportfest abholte, erzählte er uns zu unserer großen Freude, dass wir nächsten Mittwoch für zwei Tage zur Enten- und Gänsejagd fahren werden.

Jana: Sportfest in der Tundra

Heute war ich in der Tundra, denn wir hatten Sportfest. Ich ließ mich von Bernd überreden, daran teilzunehmen, obwohl ich anfangs nicht richtig Lust hatte. Mit der Kamera-Ausrüstung ging es los, in die Richtung, wo wir schon einmal gegrillt haben. Dort angekommen, suchte ich meine Klasse, denn die ganze Schule war dort. Ich fand sie nicht, aber zum Glück sahen sie mich. Sie zeigten mir das Lagerfeuer und auch, was sie gerade mit dem Ball machten. Als die anderen keine Lust mehr hatten, spielte ich mit meiner Freundin Alina allein. Dann stellten sich alle in einen Kreis und wer angetippt wurde, musste weglaufen. Manche aßen mitgebrachte Sachen und einige wärmten ihr Essen im Feuer. Dann war auch schon Schluss. Eigentlich war es mehr ein Ausflug als ein Sportfest. Spaß gemacht hat es trotzdem. Als ich zu Hause ankam, hatte ich riesigen Hunger.

Tagebuch Kathrin Studte – 25. September Heute haben wir alle ausgeschlafen, gefrühstückt und dann unseren Rucksack mit Getränken, Schokolade, Brot und Kohlenanzünder gepackt. Um 10.30 Uhr sind wir in die Tundra gegangen. Der See, an dem wir Rast machten, war schon zugefroren und Jana ist auf ihm geschlittert. Nach einer Stunde haben wir völlig durchgefroren den Rückweg angetreten. Unterwegs kam uns ein Lkw entgegen, der uns zu verstehen gab, dass er uns mitnehmen könne. Dankbar stiegen wir ein. Jana wurde dann gegen 16 Uhr von Aneken und Solveig zum Tanzen abgeholt und verbrachte den Abend bei Rabes.

26. September Um zehn Uhr waren wir vor dem Hotel, da Dreharbeiten zu Janas Schulweg auf dem Programm standen. Ein paar Nomadenkinder kamen dazu, deren Abschied von der Tundra ebenfalls gedreht wurde. Das Ganze dauerte bis Mittag, die Sonne schien herrlich und wärmte unsere kalten

Einkaufen in einem *magasin*: Eine der wenigen Freizeitbeschäftigungen in Jar-Sale. Jacek und Charlotte begleiten Jana.

Gesichter. Es war ein wunderschöner Tag, trotz –3 °C Kälte. Auch das ZDF nutzte das tolle Wetter und machte ein paar Außenaufnahmen.

27. September Heutiges Erfolgserlebnis: Die Post hatte auf! So konnten wir endlich Briefumschläge und Briefmarken kaufen.
Bernd erzählte heute, dass, nach Rücksprache mit Chefarzt und Kindergarten, auf weitere Untersuchungen verzichtet wird und ich anfangen könne zu arbeiten.

28. September: Mein erster Arbeitstag Heute war mein erster Tag im Kindergarten. Die Leiterin stellte mich den anderen Erzieherinnen vor und zeigte mir die Gruppe, in der ich mitarbeiten sollte. Ich muss sagen, dass trotz der 18 Kinder im Raum alles geordnet und gesittet zuging. Die Erzieherin brauchte nur etwas zu sagen und in die Hände zu klatschen, und schon ging alles wie von allein. Schade war nur, dass ich die Jungen und Mädchen, die mich ansprachen, nicht gut verstand. Als wir draußen waren und die Kinder versuchten, mich zu fangen, verstanden wir uns aber auch ohne Worte und hatten ordentlich Spaß.
Um zwölf Uhr ging ich nach Hause und wir beratschlagten, was wir auf die geplante Jagd mitnehmen wollten.

29. September: Auf der Jagd Um 15 Uhr warteten drei Boote auf uns, eins nur für das Gepäck. Die Jäger hatten Erik eine Flinte mitgebracht. Als er sie in die Hand nahm, wedelten sie gleich aufgeregt mit ihren Händen und riefen etwas, das ich nicht verstand. Bernd sagte, sie hätten Angst, dass Erik gleich im Hafen drauflos schießen könnte … Die Tour war ein echtes Erlebnis. Einen Western mitzuerleben, kann nicht aufre-

Auf Entenjagd: Erik Studte mit Familie auf dem Weg zu einem erlebnisreichen Ausflug in die Tundra

gender sein, obwohl ich bei den Schüssen anfangs Angst bekam. Wir schwankten immer zwischen Faszination und Kopfschütteln. Für uns ist es Abenteuer pur, aber für die Leute hier eine Lebensnotwendigkeit!

Obwohl uns manchmal etwas bange war und wir nicht wussten, ob wir durch die Fahrweise über Bord fallen oder angeschossen werden, waren wir wirklich froh über dieses Erlebnis.

Nach ca. 1,5 Stunden Fahrzeit bogen wir in einen kleineren Seitenarm des Ob, an dessen Ufer ein Holzhaus stand, in dem wir übernachteten. Die Hütte war wahnsinnig idyllisch und gefiel uns auf Anhieb. Erik fing gleich an, das auf dem Boot transportierte Holz zu hacken. Die Fischer hatten zwei Fische mitgebracht, einer der Jäger und ich bereiteten sie zu. Das hieß, jeder schnitt den Fisch in mehrere Stücke und trennte diesen dann von der Haut. Jana sollte Kartoffeln schälen. Der Ofen brannte und wärmte den Raum.

Das war genau das Richtige für uns. Das Haus war gemütlich, die Umgebung herrlich und auch die Stimmung unter uns Neunen (zwei russische Jäger, Bernd, Lars, Kai, Pascha und wir drei) war überaus harmonisch. Zum Abendbrot gab es Brot, Butter, rohen und gekochten Fisch und Fischsuppe. Sogar Jana hat alles probiert, obwohl sie erst sehr skeptisch war.

Danach wurde geschwatzt und Wodka getrunken. Der Wodka muss sehr gut geschmeckt haben, denn Erik saß spät abends noch mit den Jägern am Tisch und unterhielt sich prächtig. Ich denke, er war fest davon überzeugt, zum ersten Mal perfektes Russisch zu beherrschen.

30. September Um fünf Uhr weckte uns das Handy, wir standen auf und kochten Wasser. Das Team sollte vorausfahren (»Wir holen euch dann in einem Monat wieder ab«), blieb jedoch mit dem Boot auf einer Sandbank liegen (»Ihr habt wohl gar keine Lust, von uns wegzukommen?«).

Es war mächtig kalt, sodass wir nach einer Stunde, ohne Erik und die Jäger, zurück nach Jar-Sale fuhren. Mein Mann kam spät am Abend, vollkommen glücklich, mit drei Enten unter dem Arm.

Nicht ganz so glücklich machte mich die Vorstellung, diese jetzt auch noch rupfen und ausnehmen zu müssen. Aber ich tröstete mich damit, dass es ja noch mehr Enten hätten sein können …

Erik: Auf Entenjagd

Als der erste Schwung (mit Kathrin und Jana) wieder an der Holzhütte war, fuhr ich mit der zweiten Fuhre mit, und wir Jäger setzten uns ca. 100 Meter von der Hütte entfernt zum Entenjagen. Der russische Jäger ließ seine Plastikenten ins Wasser und wir warteten. Wir schossen während der Zeit drei Enten und kehrten, nachdem die Plastikenten eingesammelt waren, zur Hütte zurück. Dann sind wir mit dem Boot in Richtung Ob gefahren. Ein Polarfuchs stürzte sich ca. fünf Meter neben uns in die Fluten und durchschwamm den sehr breiten Fluss. Der russische Jäger sagte, dass Füchse nur im Winter geschossen werden, da zurzeit das Fell noch nicht dicht genug und somit nichts wert sei. Als ich mich bei den Jägern für die gute und interessante Jagd bedankte, gaben sie mir drei Enten für uns mit.

Tagebuch Kathrin Studte – 2. Oktober Am Vormittag bereiteten wir unsere Enten vor, füllten sie mit Äpfeln und Apfelsinen und rieben sie mit Pfeffer ein. Schnell noch Kartoffeln geschält und schon freuten wir uns auf unser leckeres Mittagessen. Als Erik dann die Backröhre anschmiss, brannten ringsherum im Inneren die Feuerflammen. Vielleicht musste das bei einem russischen Herd so sein? Als unsere Augen zu tränen anfingen, kam es uns aber doch nicht ganz geheuer vor, und so machten wir den Herd aus und stellten unseren Braten oben auf die Flamme. Aber was war das? Unsere Gasflasche war leer. Unser Entenbraten war uns anscheinend nicht vergönnt …

3. Oktober Heute hatten wir wettermäßig alles dabei: von Nebel über Regen und Schneeschauer. Für Jana war es ein schöner Tag, denn sie fand eine kleine Katze im Flur, mit der sie sogleich spielte und die sie ausgiebig fütterte.

4. Oktober Dies war mein zweiter Kindergartentag, der mir sehr viel Spaß bereitete. Die Kinder haben heute bewusst Kontakt gesucht und auch die Erzieherinnen waren zugänglicher. Manche Kinder kamen und baten mich, ihre Kleider oder Jacken zuzumachen. Die Zeit verging rasend schnell. Um zwölf Uhr wurde ich von Erik abgeholt. Danach verbrachten wir einen sehr schönen Nachmittag mit Bernd, Susanne Becker und Stefanie Schmidt, einer Journalistin von der Zeitschrift »Freundin«.

5. Oktober Heute fand im Kindergarten eine ärztliche Untersuchung statt. Den Kleinen wurden die Augen kontrolliert, sie wurden gewogen und gemessen. Ich habe mich im Untersuchungsraum einmal umgeschaut und festgestellt, dass Russland (bzw. Sibirien) doch schon viel »weiter« ist, als ich bisher angenommen hatte. Natürlich muss ich den Aufenthalt in der Tundra abwarten. In Zelten mit Rentieren wird es wohl doch anders aussehen als hier in Jar-Sale.
Am frühen Nachmittag waren wir drei im Museum. Es ist zwar klein, aber sehr beeindruckend. Der Direktor führte uns herum und zeigte uns voller Stolz seine Reichtümer. Da gab es eine Karte mit der Kennzeichnung, wie weit die deutschen U-Boote im Zweiten Weltkrieg vorgedrungen waren, Mammutschädel mit Stoßzähnen, Wölfe und Bären und typische Zelte und Einrichtungsgegenstände der Nenzen aus der Vergangenheit.
Zwei sehr nette Reporter aus Moskau haben uns heute interviewt. Morgen wollen sie mit mir in den Kindergarten kommen. Wir wurden natürlich vom ZDF-Team gefragt, ob wir

einverstanden seien. Wir hatten durchaus nichts dagegen … im Tausch gegen einen Rundflug! Man hört so viel Faszinierendes von der Sicht der Tundra von oben, dass wir es gerne einmal selbst sehen würden, wenn Lars Luftaufnahmen macht.

6. Oktober Die Tätigkeit im Kindergarten macht mir von Tag zu Tag mehr Spaß. Die Kinder werden immer anhänglicher. Am Vormittag haben sie mich frisiert und mir Zöpfe gemacht. Ich muss »echt gut« ausgesehen haben, denn alle Kinder lachten. Als Anna, die Erzieherin, nach mir rief und zum Fenster zeigte, stand dort Charlotte mit der Kamera. Schnell in den Waschraum, die Zöpfe raus und gekämmt. Als ich dann wieder in den Gruppenraum kam, war die Gefahr vorbei – Charlotte hatte nur ein paar Außenaufnahmen gemacht.
Im Zeichenunterricht versuchte ich mich an einem Vogel auf einem Ast, den die Kinder malen mussten. Aber ich glaube, manche Sechsjährigen haben das besser hinbekommen als ich.
Als Erik und ich uns später in der Lebensmittelabteilung des nahe gelegenen Ladens umsahen, lagen da die schönsten Würstchen. Nun wissen wir aber mit unserer knapp einmonatigen Sibirienerfahrung, dass nicht alles, was gut aussieht, auch gut schmeckt. Wir kauften also erst einmal zehn Stück und kosteten gleich eins aus der Tüte, was, nach den Blicken der Verkäuferin zu urteilen, hier nicht üblich ist. Als Friedensangebot nahmen wir dann gleich noch ein paar mehr.
Zu Hause rief Jana gleich, »Wir haben Besuch«. Bernd teilte uns mit, dass er aus familiären Gründen morgen nach Hause fahren wird. Am Vormittag würden sie aber erst noch mit dem Hubschrauber zum Uralgebirge fliegen, um ein paar Aufnahmen zu machen, und er fragte uns, ob wir nicht mit-

Kathrin Studte im Kindergarten von Jar-Sale:
Die Disziplin der Nenzenkinder ist erstaunlich.

wollten. Was für eine Frage! Natürlich wollten wir mit. Das hatten wir uns ja schon die ganze Zeit gewünscht. Endlich die Tundra und diese ganze faszinierende Landschaft mal von oben sehen! Und dazu noch den Ural!
Jana will allerdings lieber zur Schule, was uns auch ganz recht ist, denn der Flug soll ca. vier Stunden dauern. Später kam dann noch Susanne Becker und verabschiedete sich, denn auch sie fliegt morgen wieder nach Deutschland.

7. Oktober Um ca. zehn Uhr sollte der Hubschrauber starten. Aber wir warteten vergeblich. Dann erfuhren wir, dass der Flug abgesagt wurde. Schade, denn wir hatten uns so darauf gefreut. Bernd sagte aber, dass wir ihn bei besserem Wetter morgen nachholen würden, aber jetzt am Abend hat es so geschneit, dass auch das wohl nichts wird. Schade.
Abends wurde Jana von Aneken und Solveig zum Tanzen abgeholt. Währenddessen konnten Bernd und Susanne wegen des schlechten Wetters nicht abreisen. Nun hoffen sie auf morgen und wir drücken die Daumen.

8. Oktober Heute kam das ZDF-Team in den Kindergarten, um die Kinder beim Essen und beim Mittagsschlaf zu filmen. Mittags gingen wir zum Flugplatz, sahen das ZDF-Auto und hörten doch tatsächlich einen Propeller, d.h. der Hubschrauber konnte starten. Also spielten wir Abschiedskomitee. Als wir wieder zu Hause waren, klopfte es. Jana kam mit einer Tüte, in der drei Fische waren, in die Küche. Ich hatte bei irgendeiner Gelegenheit mal gesagt, dass mir der rohe Fisch damals bei der Jagd so gut geschmeckt habe und ob irgendjemand wüsste, wo es welchen gäbe. Heute stand dann der Fahrer mit der Tüte vor unserer Tür. Danke, liebes ZDF-Team. Wir haben ihn uns zum Abendbrot (ich roh, Erik und

Jana gebraten) gut schmecken lassen. Später kam dann noch Lars vorbei und gab uns wieder Mut für morgen bezüglich des Fluges zum Uralgebirge. Aber wir glauben erst daran, wenn wir im Hubschrauber sitzen …

9. Oktober Als wir einen Blick aus dem Fenster wagten, war herrlichster Sonnenschein und eine Bombensicht. Nun gaben wir uns sehr optimistisch und um 9.30 Uhr klingelte tatsächlich der Fahrer, um uns abzuholen. Jana brachte uns noch zum Hubschrauber und machte ein paar Fotos. Wir starteten und winkten ihr zu, bis wir abdrehten. Der Flug war herrlich. Die Tundra von oben einmalig, einfach atemberaubend. Dies mit eigenen Augen zu sehen und selbst mitzuerleben ist eine ganz besondere Erfahrung.
Der Hubschrauber war mit zwei riesigen Kraftstofftanks bestückt und machte mächtig Lärm. Man konnte sich nur verständigen, indem man dem anderen direkt ins Ohr brüllte. Aber die schöne Sicht entschädigte für alles.
Wir sahen einsame Zelte von Nomaden entlang der Flüsse, die winzig klein wirkten in dem weiten Land. Die Tundra ist so weiträumig, dass man überhaupt kein Gefühl für Raum und Zeit mehr besitzt.
Nach anderthalb Stunden tauchte dann das Uralgebirge vor uns auf. Es war ein phantastischer Anblick, und dennoch kein Vergleich zu dem, was wir dann sahen, als wir direkt durch das Uralgebirge flogen. Links und rechts von uns riesige, schneebedeckte Berge.
Dass uns diese Möglichkeit des Mitfliegens gegeben wurde, dafür danken wir allen, die das möglich gemacht haben, dem gesamten lieben ZDF-Team. Wir werden noch ewig daran denken und wer weiß, ob wir jemals wieder eine solche Möglichkeit bekommen.

Wieder zu Hause, überspielten wir die über 100 gemachten Schnappschüsse auf unseren Laptop und sahen sie uns gleich voller Begeisterung noch einmal an. Wie werden sie wohl auf unsere Freunde wirken? Werden sie das überwältigende Gefühl verstehen können?
Unser abendlicher Spaziergang im Schnee, mit all der weißen Pracht und den erleuchteten Häusern, erinnerte ein bisschen an Weihnachten in Deutschland. Man bekam fast so etwas wie Heimweh ... Aber nur fast.

10. Oktober Heute Vormittag habe ich mich getraut und meinem Mann die Haare geschnitten. Für mein erstes Mal fand ich es ganz gut, ich wusste gar nicht, dass ich so »begabt« bin (zum Glück hat er hinten keine Augen!).
Anschließend waren Rabes bei uns zu Besuch und wir verlebten zwei schöne Stunden, in denen wir viel erzählten und uns Bilder anschauten. Beim Abschied wurden wir dann natürlich zu einem Gegenbesuch eingeladen, worauf wir uns jetzt schon freuen.

12. Oktober Heute Morgen zeigte unser Thermometer –8 °C und damit war es ganz schön kalt auf dem Weg zum Kindergarten. Dort lief alles seinen gewohnten Tagesablauf. Als die Kinder dann wie immer rausgingen, meinte Anna, die Erzieherin, ich solle bei der Kälte ruhig drinnen bleiben, was ich entschieden ablehnte, macht es mir doch Spaß, mit der Rasselbande draußen zu spielen.
Abends, kurz nachdem Jana zum Tanzen gegangen war, kam Lars vorbei und brachte Erik eine deutsche Zeitschrift. Es ist toll, wie aufmerksam das ZDF-Team uns gegenüber ist: Vor kurzem hatte Erik erwähnt, dass er schon ewig keine deutsche Zeitung mehr in der Hand halten durfte, und prompt

haben sie es mal wieder geschafft, uns auch diesen Wunsch zu erfüllen. Nachdem Lars weg war, war Erik natürlich nicht mehr ansprechbar und las und las und las …!

13. Oktober Am Nachmittag gerieten wir in ein mächtiges Schneetreiben und hatten wirklich Mühe, dagegen anzukommen. Erik und Jana lieferten sich eine gnadenlose Schneeballschlacht.

14. Oktober Nun hat der Winter Sibirien und uns fest im Griff. Als Erik mich vom Kindergarten abholte, war ich mit den Kindern gerade draußen. Ich zeigte ihnen, wie sie meinen Mann mit Schneebällen bewerfen könnten. Da spürte

Leben wie die Nenzen: Die Aufgaben von Männern und Frauen sind im *tschum*-Haushalt streng geregelt.

man, dass alle Kinder auf der Welt doch irgendwie gleich sind. Sie taten das natürlich mit einem Vergnügen und einer Begeisterung, dass Erik nur froh sein konnte, dass ein Zaun zwischen ihnen war. Die Erzieherinnen mussten dreimal rufen, bis sie endlich folgten.
Nachmittags legten wir mit Oxana, Heike und Charlotte, unter Schneeballbewurf von Jana, die Strecke zum Museum zurück. Der Direktor war hocherfreut, uns wieder zu sehen (beim letzten Mal gab es Sprachschwierigkeiten und wir versicherten ihm, noch einmal mit Oxana wieder zu kommen). Er legte gleich los, ließ sich kaum mehr bremsen. Oxana tat uns allen Leid, denn sie hatte Probleme, dem Redefluss des Direktors zu folgen, uns alles zu übersetzen und dann auch noch auf unsere Fragen einzugehen
Auf dem Nachhauseweg kauften wir noch Mohn- und Rosinenbrötchen, die erstmals wie zu Hause schmeckten. Alles, was wir bisher als Brötchen verzehrt hatten, war mit irgendeiner Fleisch- oder Wurstsorte gefüllt. Mit einer Dolmetscherin – Oxana – an der Seite kauft es sich eben doch anders ein.

15. Oktober Jana ist ganz verrückt nach dem »Haushund« Dakka, den sie für die Zeit hier zum Spielen »adoptiert« hat, damit sie Birko nicht so vermisst. Auch der Hund scheint ganz vernarrt in Jana zu sein, denn Erik hört ihn oft morgens, wenn sie bereits in der Schule ist, an unserer Tür kratzen.
Jana gefällt es zurzeit in der Schule nicht so recht. Die Kinder hatten sich an sie gewöhnt, die Neugierde, damit auch das Herantasten und der Respekt sind weg. Sie beschwert sich öfter, dass sie geschubst wird (wobei sie auch kein »Engel« ist) und ihr ihre Sachen weggenommen wurden. Daher hat sich die anfängliche Freude auf die Schule leider verflüchtigt.

Am Nachmittag traf sich Jana mit Aneken, rodelte mit ihr und wir gingen spazieren.

16. Oktober –12 °C und Lars besaß die Unverschämtheit, uns zu sagen, dass das Thermometer bis Mittwoch um noch weitere 10 °C runtergehen soll. Im Hafen waren wir ganz schön erstaunt, wie weit das Wasser bereits zugefroren ist. Man kann sich mit jedem Tag mehr vorstellen, dass es hier normal ist, von der Außenwelt abgeschnitten zu sein. Die einzige Verbindung ist wirklich der Hubschrauber.
Die meisten Menschen haben bereits ihr Auto gegen einen Schneescooter getauscht. Die sehen echt fetzig aus, machen aber einen mächtigen Lärm. Es sind dabei die seltsamsten Eigenbauten zu bestaunen, die man sich vorstellen kann.

17. Oktober Mit dem ZDF-Team und Familie Rabe fuhren wir heute in die Tundra zum Grillen. Es wurde besonders schön: Die Stimmung war super, Essen und Trinken schmeckten herrlich. Verwundert stellten wir fest, dass man mit Holz und nicht mit Holzkohle grillt und das Fleisch nicht mit Bier, sondern mit Schnee gelöscht wird. Das Wetter war ebenfalls traumhaft und der Nachmittag ging leider sehr schnell vorbei.
Zu Hause hielten wir erst einmal unsere Füße zum Auftauen an die Heizung, alles andere war dank unserer dicken Sachen warm geblieben. Da werden wir wohl noch dicke Socken kaufen müssen, denn nächste Woche soll es in die Tundra zu den Nomaden gehen.

20. Oktober Wir hatten zum ersten Mal –20 °C und erfuhren, dass es am Montag in die Tundra geht. Nun konnte unser großes Abenteuer beginnen … Wir hoffen, dass die Be-

dingungen dort so sind, dass wir auch eine gewisse Zeit durchhalten können.
Der einzige Wermutstropfen ist die Tatsache, dass ich dann nicht mehr in den Kindergarten gehen kann. Dabei sind mir die Kleinen sehr ans Herz gewachsen.

24. Oktober Heute brachte uns Kyrill Mantel, Stiefel und Handschuhe. Wir hatten viel Spaß dabei, sie anzuprobieren. Die Mäntel sind sehr schwer und die Schuhe gehen bis über die Oberschenkel. Es sind sozusagen halterlose Strumpfhosen, die wir am Gürtel befestigen müssen. Aber alles in allem

Nach draußen geht es bei –18 °C nur in schweren Fellmänteln, zum Transport per Rentierschlitten.

macht es wirklich den Eindruck, als ob man in diesen Sachen nicht frieren wird.

25. Oktober Vor lauter Aufregung hatten wir schlecht geschlafen. Als wir in den Hubschrauber stiegen, war dieser schon mit etlichen Kisten und Säcken beladen. Eine Nomadin mit Kleinkind und zwei Männer mit einem Hund waren ebenfalls an Bord. Es war ziemlich eng, aber der Flug sollte zum Glück nur eine halbe Stunde dauern. Schließlich sahen wir unter uns eine große Rentierherde. Wir setzten zur Landung an, hurra, dachten wir, wir sind am Ziel. Doch weit gefehlt. Kyrill, zu dessen Verwandten wir sollten, stieg nur aus, um nach dem Weg zu fragen, denn hier weiß man nie, wann die Nomaden weiterziehen.
Nach einer weiteren halben Stunde sahen wir wieder eine Herde, noch größer als die erste. Aber auch diese Nomaden dienten uns nur als Wegweiser. Letztendlich mussten wir umkehren ... naja, aufgeschoben ist ja nicht aufgehoben und für uns war dieser Flug ein unerwartetes Erlebnis mehr.

27. Oktober Heute um 10.30 Uhr kam Lars vorbei und sagte uns, dass es endlich losginge. Wir wurden um 14 Uhr abgeholt.
Als der Hubschrauber endlich kam, wurden eingeladen: mehrere Säcke mit Brot, riesige Tüten Nudeln, Kisten mit Lebensmitteln, sogar ein Tisch – der dann unser Esstisch werden sollte – und noch vieles mehr.
Diesmal fanden wir unsere Nomaden – 83 km von Jar-Sale entfernt. Unsere Siedlung besteht aus vier Zelten und vielen Schlitten, auch einigen Motorschlitten. Uns kam ein kleines weißes Rentier entgegen, wie zu unserer Begrüßung! Im Zelt stellten wir uns der Familie vor, bei der wir wohnen sollten:

Vater Jascha, Mutter Ljuba und die Kinder Dascha (6 Jahre) und Christine (4 Jahre). Sie waren sehr nett und kontaktfreudig.
Das Zelt besteht aus 36 Stangen und 30 Fellen, wie wir später erfuhren. In der Mitte ein Ofen und ein Tisch, auf dem alle Lebensmittel stehen. Links und rechts an den Zeltwänden liegen Felle, die als Sitzgelegenheit dienen. Das *tschum* war sozusagen für zwei Familien eingerichtet und durch den Ofen in der Mitte getrennt. Es ist ca. 12 m^2 groß. Die Frauen müssen im Zelt alle Arbeiten erledigen. Das gefällt meinem Mann natürlich und er hat beschlossen: »Wir bleiben hier.«
Die Männer dürfen sich überall aufhalten, die Frauen nur vor den Zelten. Sind sie hinter den Zelten, bringt das Unglück. Und zwar für diese Familie, wo die Frau das missachtet. Zwei Schlitten sind heilig und dürfen nicht angefasst werden. Wenn man am Tag auf die Toilette will, muss man so weit gehen, bis man nicht mehr gesehen wird: die Frauen vor den Zelten Richtung Süden und die Männer genau entgegengesetzt.

28. Oktober Heute Morgen stand zuerst die Mutter auf und machte Feuer im Ofen, dann ging sie nach draußen und klopfte das Zelt vom Schnee frei. Der Zelteingang ist so klein, dass man auf allen vieren rauskrabbeln muss. Meistens tritt man dabei auf den Mantel und kommt nicht wieder hoch, weil der schwere Mantel einen nach hinten zieht.
Am Vormittag wurden die Rentiere zu den Zelten getrieben. Einige wurden mit Lassos gefangen und wurden zu dritt vor die Schlitten gespannt. Das war ein echtes Erlebnis. Und Erik mittendrin. Jana fuhr währenddessen mit der Hausfrau und ihrer Freundin Dascha mit den Schlitten und zwei großen 30-Liter-Wannen zum See, um Wasser zu holen.

An Nachmittag fuhren Erik und Jascha zum Fischen, sie hackten Löcher in das Eis des Sees und holten Netze mit Fischen heraus, die dann zum Gefrieren auf das Eis gelegt wurden.

29. Oktober Heute sind die Männer nach dem Frühstück zum Rentierzählen gefahren – bei –18 °C. Wir Frauen haben das Zelt in Ordnung gebracht und den Ofen geheizt.
Erst am Abend kam Erik zurück: Das Gesicht war zur Hälfte zugefroren, an Wimpern und Bart hingen Eiszapfen. Sie waren zwei Stunden mit dem Schlitten zu einem großen Sammelplatz für Rentiere gefahren, die gekennzeichnet werden mussten. Die Rückfahrt war ziemlich anstrengend, da er sich bei dem schnellen Tempo gut an dem unbequemen Schlitten festhalten musste, um nicht runterzufallen.

30. Oktober Heute Nacht haben wir das Polarlicht gesehen. Es war sehr beeindruckend – der Himmel ist erleuchtet und das Licht wandert.
Wir wunderten uns, dass das 14-Jährige Mädchen Dascha hier und nicht in der Schule in Jar-Sale ist. Wie wir erfahren haben, ging Dascha vier Jahre zur Schule, wurde dann aber mit zehn Jahren von ihrer Mutter zurückgeholt, um hier im Haushalt zu helfen. Das Leben für ein Mädchen ist vorprogrammiert: Sie muss einen von ihren Eltern bestimmten Mann aus der Tundra heiraten und ihr Leben lang hier bleiben. Wir stellen uns das für Dascha sehr schwer vor, da sie ja durch die Schule auch andere Gegebenheiten kennen gelernt hat, wie zum Beispiel eine feste Behausung, ein richtiges Bett, warme Räume, Wasser aus der Leitung usw.
Wir fragen uns, wie wohl die Polarnacht wird …

STANISLAW KRZEMINSKI

Menschen des Nordens 5: Die Wand

Jar-Sale in Sibirien. Der Winter 2004 vertreibt den sibirischen Herbst. Der Dreh zur zweiten Staffel des Projektes *Sternflüstern** mit dem viel sagenden Titel »Jenseits des Polarkreises« läuft. Wenn die Studtes, eine der zwei deutschen Familien, nicht gerade in der Tundra sind, wohnen sie in einer kleinen Wohnung im ersten Stock an der Friedensstraße 32. Das Bett, eigentlich eine aufklappbare Couch, steht an der Wand, die die Wohnung der Studtes von der ihres Nachbarn trennt.

Die Wand ist nicht sehr dick und manchmal hört man durch sie das lungenzerreißende Husten eines alten Menschen. Diese 10 cm Wand trennen nicht nur die deutsche Familie von ihrem sibirischen Nachbarn. Diese Wand trennt die Gegenwart von der doch nicht so weit entfernten Vergangenheit ... Hinter der Wand wohnt nämlich der 83-jährige Wassili Iljitsch Stjeklarju. Seinen Namen kannte ich schon früher aus den Erzählungen der Jar-Sale-Einwohner. Sie sagen, Wassili sei der letzte lebende Zeuge der Gründung des Dorfes. Eines Tages, nachdem ich die Wohnung unserer deutschen Protagonisten verlassen hatte, klopfte ich an die Tür nebenan. Lange musste ich warten, bis die Tür geöffnet wurde. Ich hörte die langsamen Schritte eines Menschen, der sich mit hörbarer Mühe bewegte. Eine Viertelstunde später saß ich auf einem Stuhl gegenüber dem Bett, auf das sich mein Gastgeber mit einem schweren Seufzer niederließ.

»Ich war zwölf, als ich zu arbeiten begann. Meine Familie wohnte damals in der Nähe der Stadt Tarnawka – im Herzen der Ukraine. Wir waren zu sechst: Vater, Mutter und vier Kinder. Damals herrschte in der Ukraine die große Hungersnot, nachdem Stalin durch die Kollektivierung der Dörfer (die Enteignung der Bauern) praktisch die ganze Landwirtschaft auf den fruchtbarsten Äckern Europas zum Zusammenbruch gebracht hatte. Zu unser aller Unglück hatten wir einen halben Hektar Grundstück, deshalb wurden wir zu den so genannten Kulaken gezählt. Das Land wurde uns genommen, nur einen kleinen Garten am Haus durften wir behalten. So mussten wir alle, auch die Kinder, von morgens bis abends schwer arbeiten, um zu überleben. Damals aßen wir meistens rote Rüben und tranken Milch von unserer einzigen spindeldürren Kuh, die man uns gelassen hatte. Ich habe auf sie aufgepasst, während sie weidete. Meine ganze Kindheit lang hatte ich im Mund nur den Geschmack der roten Rüben und der Milch. Als ich 18 war, brach im Juni 1941 der Große Vaterländische Krieg aus ...«

»Ende August kam am frühen Morgen ein Lastwagen vors Haus gefahren, ein Offizier rief uns aus dem Haus und wir wurden zur Eisenbahnstation in Tarnawka gebracht. Dort wurden wir getrennt – ich kam in einen Waggon mit anderen jungen Burschen aus der Umgebung. Wir dachten, wir würden an die Front fahren. Die Fahrt zog sich viele Tage lang. Als wir endlich aussteigen durften, wurde uns kurz mitgeteilt, dass wir als Kulakenkinder es nicht einmal wert seien, Soldaten der Roten Armee zu werden – stattdessen warte auf uns ein Arbeitslager in Sibirien. Von der Eisenbahnstation marschierten wir in Kolonnen bis an den Fluss. Dort hörte ich zum ersten Mal den Namen des Flusses Ob. Wir wurden auf ein Schiff geladen und fuhren weiter ... Im Gedränge, hungrig und unter strenger Bewachung der bewaffneten KGB-Wachen.

Anfang September fuhren wir aus dem Fluss aufs Meer hinaus – jedenfalls kam es mir damals so vor. Erst später erfuhr ich, dies war immer noch der Fluss, obwohl man das andere Ufer nicht sehen konnte. Bei uns, in der Ukraine, war noch Altweibersommer ... Hier fiel gerade der erste nasse Schnee und es war schon sehr kalt. Wir saßen da in unseren *rubaschki*, den Sommerhemden. Einige von uns haben diese Reise nicht überstanden ...«

Wassili Iljitsch unterbricht seine Geschichte, kämpft mit einem erneuten Hustenanfall. Dann wird es wieder still. Durch die Wand hören wir einen neuen Hit, den die kleine Jana Studte wahrscheinlich gerade vom Computer laufen lässt.

»In der Siedlung Nowi Port wurden wir an Land gesetzt. Es liegt etwa 200 km nördlich von Jar-Sale. Wir bekamen Spaten, Bretter und eine Anweisung – hier werdet ihr wohnen, in Erdhöhlen. Erst mussten wir sie aber ausgraben. Die erste Nacht schliefen wir unter freiem Himmel. Am nächsten Morgen waren einige von uns nicht mehr dabei. Unser bescheidenes Häuschen in der Ukraine mit seinen zwei kleinen Zimmern und einer winzigen Küche auf einfachem Lehmboden erschien mir jetzt wie ein Palast.

Am nächsten Tag begannen wir mit dem Bau der Bäckerei. Sogar wir mussten doch etwas essen. Langsam begannen Gespräche mit denen, die in früheren Transporten hierher gebracht worden waren. Sie sagten, dass im Vergleich zu uns diejenigen, die an die Front gingen, ein glückliches Los ge-

Wassili Iljitsch Stjeklarju: Der letzte lebende Zeuge der Gründung Jar-Sales, Verbannter aus der sonnigen Ukraine

zogen hätten. Angeblich sollten sie sogar einen halben Liter Spiritus vor jeder Schlacht erhalten ... Wir durften damals davon nicht einmal träumen – und es war doch so kalt ... So brachte ich mein erstes Jahr in Sibirien zu – mit dem Bau des Fischerhafens, der Baracken, mit ersten Fischfängen. Der Hunger quälte uns die ganze Zeit. Eines Tages versteckte ich während des Fischfangs zwei größere Fische für mich und meine Kameraden. Statt sie in die Kiste zu werfen, steckte ich sie unter meine Jacke. Als ich in die Baracke zurückkam (damals wohnten wir bereits in Baracken), fand der Wärter

diese zwei Unheil bringenden Fische. Ich wurde zu zwei Jahren Schwerstarbeit unter strengster Bewachung verurteilt. Damals kam ich hierher – nach Jar-Sale. Wieder war die Erdhöhle mein Zuhause.«
Wieder eine Pause. Wieder Husten. Hinter der Wand diesmal ein Gespräch zu hören ... Katrin Studte ist wahrscheinlich gerade von der Arbeit im Kindergarten zurückgekommen.
»Nach einiger Zeit begannen die Menschen sich zu erzählen, dass deutsche U-Boote in die Ob-Mündung bis hin nach Nowi Port durchgedrungen seien, und wir sollen eine Eisenbahnverbindung von Salechard, Aksarka, Jar-Sale, Nowi Port bis hin nach Kamenni Myss bauen. Stalin wollte in der gigantischen Flussmündung einen geheimen Kriegsmarinehafen errichten. Es war im Frühling 1945. Dann kam der denkwürdige Mai. Bis heute sehe ich noch vor meinen Augen, wie wir mit Fahnen in den Händen den Sieg feierten. Alle dachten nur an eins – an die Rückkehr in die Heimat ... Der Krieg war zwar zu Ende, die Baupläne für Eisenbahn und Hafen wurden zwar verworfen – doch wir blieben hier. Für immer und ohne das Recht, hier je wieder wegzufahren.
Es kam das Jahr 1953 und Stalins Tod. Damals war ich schon verheiratet. Ich wurde nicht mehr ›Sohn eines Volksfeindes‹ genannt. Durch all die Jahre wurde ich eben so angesprochen, nicht Wassili Stjeklarju, sondern eben ›Sohn eines Volksfeindes‹. Wir hatten damals schon zwei Kinder ... und ein kleines, aber eigenes Zimmer in einer gemauerten Baracke. Ich lernte wieder, wie man lächelt – wie früher, wenn ich beim Sonnenuntergang mit unserer Kuh nach Hause zurückging. Ich lief und sang – es waren die glücklichsten Momente meiner Kindheit. Für meine Kinder waren es aber der Schnee, die Tundra, die Rentiere. Nach einigen weiteren Jahren hatten wir vier Kinder, zwei Mädchen und zwei Jungen.

Obwohl wir weiterhin kein Recht hatten, diese Gebiete zu verlassen, begannen wir, uns hier langsam wie bei uns, wie zu Hause, zu fühlen. Wenn jemand hier, im Dauerfrostboden, Wurzeln schlägt, kann man sie nur schwer rausreißen ...«
Als ich die Treppe hinunterging, begleiteten mich Husten und weitere Schlager, die hinter zwei Türen zu hören waren, die aus zwei Wohnungen kamen, die nur eine 10 cm dünne Wand trennt.

MIRIAM WEINANDI

Briefe aus Sibirien

Hallo von unterwegs! Seit vier Tagen bin ich jetzt unterwegs zum Drehort. Meine Partnerin Heike und ich haben für diese Sibirien-Produktion unseren Schnittplatz in Mainz abgebaut. Wir reisen abwechselnd zum Drehort und schneiden dort die Folgen für *Sternflüstern**. Ich war noch nie in Russland und bin sehr gespannt! Meine erste Anreise mache ich zusammen mit dem Kamerateam – ab Moskau, wo sich alle Beteiligten aus Mainz, Berlin und Warschau treffen, um gemeinsam nach Sibirien weiterzufliegen. Merkwürdig, in einem Land unterwegs zu sein, in dem man praktisch Analphabet ist ... noch nicht mal eine Idee zu haben, was auf der Speisekarte steht ... (vor allem, wenn man Vegetarier ist).

Eine solche Produktion erfordert viel Logistik, und ohne unsere russischen Kollegen wären wir absolut hilflos. Ich bin dauernd auf sie angewiesen, sie müssen mir helfen zu verstehen, wie hier alles funktioniert. Schnell folgt die Erkenntnis: Ich verstehe es nicht. Denn das mit der Sprache ist eben noch lange nicht das einzige Problem.

Da stehen wir mit all unserem Gepäck an einem Flughafen irgendwo im Norden Russlands, kurz vor dem »großen

Sprung« nach Sibirien. Keiner weiß wieso, aber die Hälfte des Gepäcks soll jetzt einfach nicht mehr mitreisen. Es werden Stücke aussortiert, betrachtet, verklebt, von da nach dort verschoben, diskutiert, wieder umsortiert, wieder betrachtet. Jeder von uns versucht, immer wieder eine besonders wichtige Tasche in das Zentrum des Geschehens zu schieben, in der Hoffnung, die Chancen zu verbessern, sie am Zielort wieder zu sehen. Ohne unsere Wunder vollbringende Lena Petlarskaja stünde die Hälfte des Gepäcks wohl immer noch auf der anderen Seite des Urals.

So aber – unter diplomatischer und magischer Einwirkung von Lena – dürfen wir *alles* ganz plötzlich per Menschenkette durch den Passagierraum in die Maschine hieven. Aber auch das wirft Fragen auf. Ob unsere kleine Maschine jetzt wohl völlig überladen ist ...? Zum Glück, meine Festplatte ist mit dabei, im Handgepäck ... aber mitten in diesem Wirrwarr stecken ja auch noch Teile unserer Ausrüstung ... auch unser Schnittplatz ...

Wir landen tatsächlich in Sibirien. Der Ort hat auf den ersten Blick wenig Attraktionen zu bieten ... aber: er liegt direkt auf dem Polarkreis, und darum könnt ihr ihn auch auf dem Globus finden: Wir sind in Salechard. Eine Stadt voller Baustellen, denn in der Region gibt es Gas und damit auch Geld. Offensichtlich wird gebaut, wo man gerade will. Man hat das Gefühl, der Ort erfindet sich gerade neu, ohne dass einer weiß, was am Ende dabei herauskommt. Einem Stadtplaner würden wahrscheinlich graue Haare wachsen! Wie sieht es hier wohl in zehn Jahren aus? Machen dann auch hier gewisse Konsumketten diese Stadt allen anderen auf der Erde zum Verwechseln ähnlich? Werden die alten Holzhäuser am Ob vollständig verschwunden sein? Sind dann alle Holzstege durch gepflasterte Straßen ersetzt?

Wenn man heute durch Salechard geht, gibt es noch viele Schlammwege, die bei Regen zu kleinen Morastgruben werden. Hier gebührt meine Bewunderung den Russinnen: Während wir in unseren Outdoor-Outfits und Goretex-Boots durch den Ort stapfen, sehen wir die russischen Frauen frisch gestylt im eleganten Mantel bei Wind und Wetter auf hochhackigen Schuhen über den Schlamm schweben!

Meisterin der Logistik: Cutterin Miriam Weinandi im sibirischen Winter

Zwei Tage haben wir in Salechard. Aber was treibt man an so einem Ort irgendwo im Norden, wenn die Arbeit noch nicht begonnen hat? Vor allem: Was treiben die anderen Leute hier in einem Hotel kurz vor dem Ende der Welt? Da sind Jungs, die sehen aus wie die Leningrad Cowboys: spitze Schuhe, hohe Frisuren, so laufen sie hier durch die Gänge. Dann sind da Frauen mit Lockenwicklern und Bademänteln. Wohnen die hier in diesem Papphotel? Und dann endlich: Bekanntes, Männer mit Anzügen und Koffern ... Vertreter gibt es überall!

Wir verbringen unseren ersten Abend in dem kleinen Restaurant im Hotel. Warum hängt in so einem kleinen Speiseraum mit acht Tischen eine Disko-Kugel? Und wahrlich, so um 22 Uhr, während einige noch essen und sich unterhalten, fangen andere einfach in der Mitte des Raumes an zu tanzen. Egal ob Vertreter, Leningrad Cowboy oder stöckelbeschuhte Russin. Hier tanzt man scheinbar einfach mal so, ohne großen Anlass und auch ohne große Disko. Hier reicht die kleine Kugel.

Niemand im Raum findet das Tanzen befremdlich oder seltsam. Niemand? Doch, unsere Kamerafrau Charlotte, die von einem älteren Russen zum Tanz aufgefordert wird, wo sie doch eigentlich lieber weiter an ihrem gefrorenen Fisch geknabbert hätte ... So plötzlich, wie die Party anfing, so schnell ist sie auch wieder vorbei. Pünktlich um 23 Uhr, denn da schließt das Restaurant, gehen alle einfach wieder nach Hause.

Am nächsten Morgen soll es mit dem Hubschrauber weitergehen, Richtung Norden. Spannend, noch eine Stunde Flug bis zum Ort des *Sternflüstern**-Geschehens! Erstmal wieder undurchsichtiges Feilschen mit Männern in Uniform, auch dieses Mal geht es um unser Gepäck. Hin und her, doch dann heben wir tatsächlich ab, zur letzten Etappe.

Vier Tage Anreise! Wir sind am Ziel. Mitten in der Tundra liegt Jar-Sale. Alles spielt sich auf vier Straßen ab. Auch hier: Baustellen und Holzhäuser. Stege und Straßen. Ein kleiner Ha-

fen. Und sonst nur Tundrasumpf ... Eine holprige Schotterstraße führt hinaus – aber wohin? Die Frage klärt sich schnell: zur Müllkippe. Erst jetzt wird uns klar, wir sind auf einer Insel mitten in der Tundra. Ohne Hubschrauber oder Boot kommt hier keiner weg.
Am Hotel, wie ein Wunder, ist die gesamte Ausrüstung und unser Gepäck wirklich angekommen. Und alles funktioniert! Hoffentlich bleibt das so. Ich ahne, was es bedeutet, ein Ersatzteil hierher schaffen zu wollen.

Hallo aus Jar-Sale! Wir freuen uns über viele schöne Bilder, die versprechen, dass wir einen guten Film machen werden! Die Arbeit im Team macht richtig Spaß. Diese Möglichkeit, mit den Kameraleuten direkt über das Drehmaterial reden zu können, ist eine große Chance! Aber absolut ungewöhnlich für mich: unsere Hauptfiguren persönlich kennen zu lernen.
In meinem normalen Leben als Cutterin bekomme ich viele, viele Stunden Material auf den Tisch. Da sehe ich Leute agieren, die ich noch nie im realen Leben getroffen habe. Bald ist mir jede kleine Eigenart dieser fremden Menschen vertraut. Am Ende eines Filmes habe ich oft das Gefühl, sie wirklich zu kennen. Oft schon traf ich Leute aus unseren Filmen später auch im wirklichen Leben, jedes Mal mit dem Gefühl, ich muss fröhlich grüßen und ein Gespräch beginnen. Das wäre natürlich völlig absurd, denn diese Menschen haben mich ja noch nie gesehen.
Hier ist es ganz anders. Ich treffe die beiden Familien Rabe und Studte, beim Einkaufen oder irgendwo sonst innerhalb der vier Straßen, in denen wir alle leben. Man unterhält sich, man kennt sich. Ich bin richtig gespannt, wie die Familien sich hier durchschlagen und ob sie sich einleben werden. Wie

ergeht es den Kindern? Werden sie Freunde finden oder sind sie all diese Monate isoliert mit ihren Familien?
Es ist Mitte September, wir haben noch keinen Schnee, aber es ist eiskalt und windig. Ich sitze immerzu an meinem Schnittplatz im Hotel. Zurzeit wird viel gedreht. Eine Kassette hat 30 Minuten und wir haben jetzt schon 70 Stück. Am Ende werden es um die 300 Bänder sein. Was ihr dann seht, sind viermal 45 Minuten schönstes *Sternflüstern**!
Nach drei Wochen fliege ich zurück und Heike kommt hierher. Ich freue mich auf meine Familie und darauf, den ersten Geburtstag meiner Tochter nicht zu verpassen! Susanne Becker erzählte bei einem ihrer Anrufe hier, sie hätte meinen Mann mit den beiden Kindern getroffen. Mein Ältester, Henrik, ist vier Jahre alt, genau wie ihr Max. Folgende Unterhaltung fand statt:
Henrik: Meine Mama ist in Sibirien!
Max: Dreht die da?
Henrik: Hm. Nein, sie macht Urlaub!
Dann beteuerten sie lautstark, sich wieder auf die Sendung »Kinder in Sibirien« zu freuen ...
Wenn ich hierher zurückkomme, wird vieles verändert sein. Wie wird diese abenteuerliche Tundra im Oktober aussehen? Was wird sich bei den beiden Familien ergeben haben? Wird auch das Team bei dem ganzen Stress durchhalten? Ich reise mit der Festplatte im Gepäck, auf der unsere erste Folge im Rohschnitt ist. Dann wartet noch viel Arbeit in Mainz auf mich, bis »Sehnsucht Sibirien« für die Sendung fix und fertig sein wird ...
... ich bin gespannt, ob sie euch gefällt.

Hallo vom Heimweg! Heimreise, wieder mit Zwischenstopp in Salechard. Ich will noch ein paar Geschenke für die Kin-

Die Arbeit im Team macht richtig Spaß – statt am Schneidetisch nun mitten in der Tundra!

der kaufen und finde einen Laden, der nur Kuscheltiere hat, in allen Größen und Farben! Ich betrachte diesen Eisbären oder jenen Löwen. Da kommt die Verkäuferin auf mich zu, drückt routiniert auf einen Pinguin mit lustigem Schal und Mütze. Sofort stimmt dieser mit blecherner Stimme ein russisches Kinderlied an. Erschreckt lache ich auf, die Frau verzieht keine Miene, sondern nimmt sich den Eisbären und quetscht diesem den Bauch. Diesmal ertönt ein quietschiges Lachen. Steinerne Miene bei der Frau. Sie zeigt mir ungefähr noch 20 Tiere, die alle die unglaublichsten Geräusche und Lieder von sich geben – ihr aber nicht das kleinste Lächeln entlocken können ... Ich verlasse den Laden mit einem lachenden Leoparden und einem kläffenden Hund und frage mich, ob ich hier der russischen Seele begegnet bin ...

Hallo, zum zweiten Mal vom Polarkreis! Wieder unterwegs Richtung Tundra! Ob wohl schon Schnee liegt? Die Anreise ist ungewiss, weil bei schlechtem Wetter die Hubschrauber nicht fliegen können.
Doch es gibt noch mehr Hindernisse.
Tickets im Voraus kann man nicht kaufen, so kämpfen bei jedem Hubschrauberflug alle um jeden Platz. Unser Produzent erzählte mir, dass es hier schon zu Schlägereien gekommen ist, wenn Leute tagelang nicht weiterkamen. Wir sind erst mal wieder in Salechard und hoffen, dass wir morgen fliegen werden. Es ist schon deutlich unter 0 °C, aber noch liegt kaum Schnee. Ich kann es kaum erwarten, die Tundra zu sehen!
Endlich wieder in der Luft: Die Tundra hat sich unheimlich verändert! Sind wir vor drei Wochen noch über grüne, gelbe, rote Flächen und viele kleine Seen geflogen, liegt jetzt auf der ewigen Weite ein weißer Hauch und die Seen bedeckt ein dünner Eisspiegel. Das sieht zauberhaft aus.
Im Hotel angekommen, begrüße ich erst mal alle, die hier die ganze Zeit über geblieben sind – und die gute Stimmung unverändert beibehalten haben! Meine Partnerin Heike soll übermorgen fliegen, wir müssen Übergabe machen. Aber heute geht es erst mal in die Disko. Disko heißt hier: Im »Kulturhaus« wird drei Stunden lang Musik gespielt. Russen-Pop. Es gibt nichts zu trinken. Weder Alkohol noch keinen Alkohol. Nur tanzen.
In der Disko sehe ich auch die beiden großen Söhne von Familie Rabe wieder. Da hat sich in den drei Wochen einiges getan! Die beiden Jungen klopfen hier eine Schulter, tanzen dort mit den Mädchen und sind so gut gelaunt, als wären sie nie an einem anderen Ort gewesen.
Zwei Tage später: Heike soll abfliegen. Morgens sind wir nervös, weil unser Datentransfer auf die Festplatte nicht klap-

pen will. Immer noch rechnet der Computer und der »Balken«, der anzeigt, wie viel schon transferiert wurde, scheint sich kaum wahrnehmbar zu bewegen. In einer halben Stunde soll es losgehen. Ein Notfallplan wird geschmiedet ... Sollen wir den Vorgang abbrechen? Droht dann Datenverlust? Welche Probleme macht das in Mainz?
Diese Prozedur könnt ihr euch vorstellen wie einen gigantischen Download aus dem Netz. Die ganze Zeit passiert etwas, aber niemand weiß, ob am Ende alles so ist, wie es sein soll. Wird unser stupides Betrachten eines Rechenvorgangs am Ende zum Erfolg führen? Wieder mal dem Rechner machtlos ausgeliefert ...
Dann die Nachricht: Der Hubschrauber fliegt nicht, schlechte Sicht, vielleicht in drei Stunden. Was sagt der Balken, »170 minutes remaining«, na das könnte klappen.
Nach drei Stunden hat der Balken sein Ziel immer noch nicht erreicht. Aber jetzt soll es losgehen. Sollen wir für zehn Dollar die Minute bei unserem Support anrufen und um Rat fragen? Nervöses Auf-und-ab-Gerenne. Beratung mit Jacek, unserem polnischen Top-Techniker. Doch dann kommt uns zu Hilfe, was eben in Russland so oft kommt: Heute kein Flug mehr. Heike kommt erst morgen weg. Wieder mal Sibirien machtlos ausgeliefert ...
In Russland machen endlose Verspätungen, tagelange Aufenthalte und unergründliche Verzögerungen das Leben zu einem großen Wartesaal. Dieser Umstand führt bei uns im Team mittlerweile zu einer wahren Wettleidenschaft. Wann passiert was und wer hält dagegen!

Hallo aus dem Winter! Heike ist mit allem Nötigen sicher gelandet. Ich schneide. Von meinem Fenster am Schnittplatz schaue ich direkt auf den kleinen Dorfplatz, alles weiß. Zu

Hause ist es heute +20 °C. Bei uns –15 °C. Das Sumpfgebiet um den Ort ist zugefroren, sodass wir jetzt auch ein Stück auf die Eisfläche hinauslaufen können. Heute stürmt es und wir sehen nur Schnee bis zum Horizont. Das ist Sibirien. Ein Spaziergang durch den Ort. Kinderschlangen ziehen vom Internat aus mit den tollsten Fellmützen durch Jar-Sale. Auch das ist Sibirien. Überall knattern Motorschlittern und es stinkt nach Benzin. Sibirien.

Ich werde jetzt oft gefragt, wie sich mein Sibirien-Bild ändert. Es ist so anders, als wir es uns zu Hause vorstellen, vielleicht einfach freundlicher, weniger erschreckend. Die endlose Weite um uns herum. Dieser aufstrebende Ort, in dem wir wohnen und arbeiten. Sibirien ist auf jeden Fall anders als gedacht.

STANISLAW KRZEMINSKI

Angst und Hoffnung: Die Zaren des Nordens

Meine leidenschaftliche Beziehung zu Sibirien begann vor 13 Jahren. Ich durchquerte mit meinem Fernsehteam den weiten Kontinent immer wieder auf der Suche nach einer Antwort auf die Frage: »Wer sind eigentlich die Sibirjaken?« In der russischen Sprache steht dieses Wort für Menschen, die eine Laune des Schicksals in diese unvorstellbaren Weiten geworfen hatte. Nur selten reisten sie aus freiem Willen dorthin – öfter flohen sie vor der harten Hand des Zaren oder der kommunistischen Partei. Meistens wurden sie jedoch, infolge einer Laune des Herrschers oder anhand des allmächtigen sowjetischen Paragraphen 58, schuldig gesprochen, dorthin verschickt ...

Doch Sibirien hatte auch seine »freien Vögel«: Im Süden waren es die Nomaden der Taiga, im Norden die der Tundra. Sie führten Rentierherden, bauten Jurten oder *tschumy*, fingen Fische ... Ihre Toten bestatteten sie in Särgen, die sie in den Baumkronen aufhingen. Später kamen nach Sibirien die Geologen: frei, neugierig, unabhängig. Mit ihnen hat alles begonnen.

Ab 1991 durchqueren wir den sibirischen Großraum in alle Richtungen, verfolgen sowohl die Transsibirische Eisenbahn von Jekaterinburg bis nach Wladiwostok als auch die Wege im Norden von Workuta bis Magadan. Ein Drittel des sibirischen Gebiets liegt jenseits des Polarkreises, in der Welt der Tundra, der Nomaden, der Rentiere, des ewigen Eises, der Vertriebenen und des Gulag …

Paragraph 58 Der Oktober 1991 geht zu Ende. Auf seinen ewig langen 800 km aus Petschora nach Workuta passiert der Eilzug den 67. und 68. Breitengrad. Ich liege auf dem oberen Liegeplatz und schaue in die graue Dämmerung hinter dem Fenster. Draußen bahnen sich die weiten Schleifen der unzähligen Flüsse ihren Weg durch den frischen Schnee. Das Bild erinnert mich an die Geschichte, die mir vier Jahre zuvor der deutsche Schriftsteller Horst Bienek in München erzählte. Er kam 1930 in Gleiwitz zur Welt. Mit sechzehn wurde er aus Schlesien in die sowjetische Berlinzone »umgesiedelt«. Nach einigen Jahren als Assistent in Bertolt Brechts Ensemble (noch lange vor dem Mauerbau) verteilte er im Westteil der Stadt antisowjetische Flugblätter. Als er nach Hause wollte, warteten bereits am Check-Point Charly die Russen auf ihn … Gleich in dieser Nacht fand eine kurze Verhandlung vor dem Militärgericht statt – dort hörte Bienek zum ersten Mal vom Paragraphen 58. Im Strafgesetzbuch der UdSSR stand seine lapidare Beschreibung: Handlung zum Nachteil des sowjetischen Staates. Und noch die Nummer: 58.

Das Urteil wurde innerhalb einer Viertelstunde gefällt – es war sehr lakonisch: Workuta. Anfangs wusste Bienek noch nicht, was es bedeutet, was sich hinter diesem Wort verbirgt. Erst nach einer Woche Fahrt in einem Viehwaggon erblickte er hinter dem kleinen vergitterten Fenster die weite, verschneite Tundra. Es war auch Oktober.

Als ich 40 Jahre später auf dem Weg nach Workuta war, existierte die Sowjetunion seit zwei Monaten nicht mehr. Es war ein historischer Zeitpunkt: Leningrad wurde wieder Sankt Petersburg. Einige Wochen zuvor war die Republik Russland aus der UdSSR ausgetreten. Dutzende geschlossener Städte, die oft nicht einmal auf den Karten markiert waren, öffneten sich langsam der Welt.

Als ich im Zug liegend über den Lauf der Geschichte nachdachte, lebte Horst Bienek seit einem Jahr nicht mehr und Workuta war erst seit zwei Wochen eine offene Stadt. Wir waren das erste ausländische Kamerateam, das in die Stadt durfte. In Russland begann ein historischer Umbruch.

Das rhythmische Klopfen der Zugräder öffnete die Herzen und ermutigte meine Mitreisenden zu Gesprächen. Mir

Kreuze für Hunderttausende Gefangener in den stalinistischen Straflagern: Das traurige Erbe Sibiriens

gegenüber lag eine Frau von etwa 60 Jahren. Sie stützte ihren Kopf auf die Hände und schaute mit weit geöffneten Augen in die immer dunkler werdende Tundra draußen. Die Nacht schlich sich ins Abteil. Regelmäßiges Atmen auf anderen Liegeplätzen verriet den Schlaf der Passagiere. Plötzlich sagte die Frau: »Ich kann hier nie einschlafen ... Ich weiß noch, wie diese Eisenbahnstrecke gebaut wurde ... 1941, im Oktober (schon wieder der Oktober!), kam unsere Familie in den Norden, nach Petschora ... Mein Vater war Ingenieur. Ich war damals zehn und erlebte den Bau dieses Eisenbahnweges mit ...«

Vor mir öffnete sich ein Stück russischer Geschichte. Meine Nachbarin war Irina Michajlowna, die Choreographin der Tanztruppe aus dem Kulturhaus in Workuta. »Die Eisenbahnverbindung von Petschora nach Workuta war für das Land unentbehrlich. Russland brauchte Kohle«, erzählte Irina Michajlowna. »Gefangene wurden gebracht, ganze Transporte, oder sie wurden in Kolonnen zu Fuß hierher gejagt. Die kurzen Pausen auf dem weiten Weg wurden seit der Zeit der Zaren ›Etappen‹ genannt. Ein oder zwei Wachtürme wurden dort aufgestellt, Stacheldraht wurde gezogen, und die Gefangenen wurden wie Tiere in ein Gehöft getrieben. Dort hatten sie zu übernachten. Zum Schlafen legten sie sich in Schichten auf den Boden – fünf, sechs Schichten. Nachts starben immer mehrere von der untersten und der obersten Schicht den Kältetod. Am nächsten Morgen kletterten die Überlebenden aus den inneren Schichten wieder raus zur Arbeit. Sie wurden *dochodjagi* genannt – vom Wort *dochoditj*, heranreifen, dem Lebensende näher kommen.

30, 40 Menschen trugen eine Schiene und versuchten sie zusammen an eine andere Stelle zu tragen. Wer stürzte, wurde nicht wieder vom Schnee aufgehoben«, erinnerte sich meine Mitreisende. »In der Tundra gibt es kein Brennholz, die Bäume wachsen sehr klein, wie Zwerge ... Die Gefangenen haben ihre toten Kameraden verbrannt. Ich war zehn und habe es selbst gesehen, oft genug ... Sie warfen die Körper ins Feuer und wärmten sich daran ...

Es war das Jahr 1941. Soldaten beider Armeen aus dem Kampf um Leningrad erinnern sich an diesen harten Winter. Die Stadt starb allmählich vor Kälte und Hunger aus. Kohle oder Tod. Am nächsten lagen Workutas Stollen. Stalin befahl, die Kohle dort zu fördern und sie weiter ins Land zu bringen. Um jeden Preis.«

Irina Michajlowna erinnerte sich auch, dass ihr Vater wegen der hohen Sterberate unter den Gefangenen vor Gericht gestellt werden sollte, doch zum Glück war er nicht direkt für das Arbeiterpersonal verantwortlich. Seine Aufgabe war es, den Weg ohne Rücksicht auf Kosten oder Menschenleben fertig zu bauen. Er sei ein pflichtbewusster Bürger gewesen – die Eisenbahnverbindung wurde fertig gestellt, und im April 1942 kamen erste Kohletransporte nach Leningrad. »In diesen Monaten trank Vater ziemlich viel. Mit gedämpfter Stimme sagte er manchmal, der Paragraph 58 ist sein größter Helfer ...«

Später, bereits als erwachsene Frau, erfuhr Irina Michajlowna, dass vor allem dieser Paragraph die Arbeitslager des stalinistischen Gulag »versorgte«. Das NKWD, der sowjetische Geheimdienst, der für die Beschaffung der entsprechenden Zahl kostenloser Arbeitshände für die Kriegsindustrie verantwortlich war, vertrat den Standpunkt, dass nur die Logistik ein zu lösendes Problem sei – Menschen gäbe es in der UdSSR genug, und der Vater der Nationen hätte bereits für den nötigen Paragraphen gesorgt. Ein bitterer Witz machte damals die Runde: Der Verhörte gibt an, dass er 30 Jahre alt sei … Und das reicht, so die Antwort des sowjetischen Richters …

Einige Tage später waren wir bei Irina Michajlowna bei der Probe ihres Ensembles zu Gast. Sie war stolz, uns die beste Balletttruppe nördlich des 60. Breitengrads präsentieren zu können. Es war bereits die fünfte Generation von Tänzerinnen und Tänzern, um die sich die Tochter des Eisenbahningenieurs kümmerte. Vor Jahren heiratete Irina in Workuta einen Gefangenen, der 1956 ohne Recht auf Rückkehr in seine Heimat und ohne Rehabilitierung bis an sein Lebensende entlassen wurde. Später heiratete sie nochmals. Ihr Mann, Anatoli Pawlowitsch, ist Direktor des Puppentheaters in Workuta. Hierher kam er 1946 als Kind, als die damalige Führung seinem fünf Jahre zuvor verurteilten Vater einige Tage Urlaub gewährte, damit er seine Familie in den Norden bringen konnte. Auch so konnte es also manchmal kommen …

Anatoli Pawlowitsch hat starke Erinnerungen aus seinen Kindheitsjahren: »Jeden Morgen marschierten an unserem Haus die Kolonnen der Gefangenen aus der sechsten Baracke zur Arbeit in der Grube vorbei. Wir Kinder haben versucht, in die Kolonne durchzudringen, denn wir spürten dort einfach ein Herz für uns. Manchmal gelang es, dann nahmen uns die Erwachsenen in die Arme – von den scharfen Rufen aus dem Konvoi gejagt – und reichten uns weiter, von einem Ende der Kolonne zum anderen. Dann stellten sie uns umsichtig auf den Boden und ›befreiten‹ uns unter Schreien der NKWD-Bewacher.«

Solche Erinnerungen erstaunen damit, dass in dieser grausamen Zeit die Menschen hinter dem Stacheldraht nicht so furchtbar waren, wie sie dargestellt wurden. Die Kinder erinnern sich bis heute an die herzliche Wärme ihrer Hände. »Als Kinder waren wir doch genau solche Prügelknaben wie die Gefangenen. Wir froren und hungerten genau wie sie, doch die Wärme ihrer versklavten Hände blieb uns fürs ganze Leben in Erinnerung.«

Dank der Bekanntschaften von Irinas Mann darf ich zu einem Treffen in der Sewernaja-Grube. Im dortigen Archiv finde ich den Namen eines der vielen Gefangenen-Arbeiter: Horst Bienek, ZK-§58, 1951–1957 ... Sechs Jahre verbrachte er in Workuta. Als ich 1987 eine Dokumentation mit ihm über sein Gleiwitz, damals schon Gliwice, machte, fuhren wir zusammen aus Görlitz Richtung Osten. Ich weiß noch, wie wir in der Gegend von Legnica, wo die Befehlshaber des Warschauer Paktes ihren Sitz hatten, an einem Konvoi der sowjetischen Soldaten vorbeifuhren. Bienek bat mich anzuhalten. Ich schaute ihn an, selbst gelähmt von der Angst in seinen Augen. Damals, auf einem Waldparkplatz, erzählte er mir von dem Blitzprozess, von Workuta, von den Gruben, von den Wolgadeutschen, die Stalin nach Kasachstan und Workuta vertreiben ließ ...

Diese Reise in den Norden schuldete ich auch Bienek. Es waren die ersten Monate nach dem Zerfall der Sowjetunion. Damals reiste ich auch an die Wolga, in die Gegend, die 200 Jahre zuvor Deutsche auf Einladung der Zarin Katharina der Großen besiedelt hatten. In dem kleinen Ort Krasni Kut wohnten bis 1941 praktisch nur Wolgadeutsche. 350 Familien. Heute gibt es dort keine einzige Familie mit deutschen Wurzeln mehr.

2500 km weiter nördlich treffe ich mich in Workuta mit Wladimir Stajnert. Mit Tränen in den Augen erzählt er von Krasni Kut an der Wolga, vom Paradies seiner Kindheit: »Dieses Gebiet gehörte beinahe 200 Jahre lang den Wolgadeutschen. Doch Stalin, der ein eigenes Maß für alle Menschen hatte, fürchtete unsere Illoyalität. Er dachte, wir wären so etwas wie

Hitlers fünfte Kolonne, und ließ uns nach Sibirien und Kasachstan umsiedeln.
Die Vertreibung aus der Heimat 1941 hatte nicht allen den Glauben genommen ... Je näher das Kriegsende rückte, umso mehr Gespräche gab es darüber, dass einer oder der andere angeblich gehört haben soll, es werde eine Verordnung geben, dass die Deutschen wieder zurück an die Wolga gehen. Diese Diskussionen nahmen ab, um nach einiger Zeit wieder mit neuer Kraft aufzuleben. So verging das Jahr 1944 ... Der Mai 1945 brachte den Sieg über den Faschismus ... Die Gespräche nahmen wieder zu. Vorbei war das Jahr 1947, vorbei '48 und '50 ...
1948 wurde eine Verordnung veröffentlicht, die sogar das Träumen von der Heimkehr in die Heimat verbot. Dort stand klar und deutlich, dass wir für immer in Sibirien und Kasachstan bleiben würden. Niemand dachte an eine Rückkehr gegen das Gesetz. Dies wäre eine Flucht vom vorgeschriebenen Ort der Niederlassung – darauf standen 20 Jahre Haft! Das Schrecklichste war, dass sogar die Kinder verstanden haben, dass die Lage ernst ist und sich sehr lange nicht ändern wird.«
»Drei Worte sind mir aus der Kindheit im Kopf geblieben«, beendet Wladimir Stajnert seine Geschichte. »Wolga, Heimat und Onkel Kosma. Er war ein Freund meines Vaters, einer unserer Lehrer.«
Bevor ich Workuta wieder verließ, traf ich mich nochmals mit Irina Michajlowna. Sie führte mich an das steile, verschneite Ufer des Flusses Workuta, wo die Wurzeln der Stadt liegen, wo auch die ersten Gefangenentransporte ankamen. Wir stehen vor dem Denkmal der Opfer stalinistischer Repressionen der dreißiger bis fünfziger Jahre. Die Einwohner Workutas gedenken ihrer, auch wenn sie ihre Namen nicht kennen.

Ein Dorf mitten in der weiten Tundra: Jar-Sale, von Sibirien-Kenner Stanislaw Krzeminski als Drehort vorgeschlagen

Hier, am Flussufer, schufteten die ersten Gefangenen sich das Leben aus dem Leib.

Es war der Fluss selbst, der die verfluchten Kohlelager enthüllt hatte, als er beim Frühlingshochwasser das Ufer unterspülte. Zum späteren Verdruss der Menschen hatten es die Geologen bemerkt. Ihre eigentlich naturwissenschaftlichen Bestandsaufnahmen lösten ironischerweise die Lawine von Zehntausenden Verbannungen aus. Der älteste Stollen ist bis heute erhalten geblieben: eine Höhle im Hang über dem Fluss, mit Brettern befestigt … Das Fördergut wurde von hier aus mit Booten auf den Flüssen Workuta und Petschora bis nach Murmansk gebracht. So war es, bis die Eisenbahn gebaut wurde. Der Flusstransport war nur vier Monate im Jahr möglich. Mit dem ersten Stollen kamen viele weitere ... Bis zur Hälfte der fünfziger Jahre entstanden 40 neue. Ab 1932 pilgerten ganze Kolonnen kostenloser Arbeitshände nach Workuta. Es waren Opfer des Paragraphen 58. »Ihre Hände schufen das Fundament unserer Stadt«, so Irina Michajlowna.

Erst 1959 wurden in Workuta die letzten Lager geschlossen. 1955, zwei Jahre nach Stalins Tod, kam es im Stollen Nr. 29 zu einem Aufstand der Gefangenen, die um ihre Rechte kämpfen wollten. Es wurde kurzer Prozess gemacht: Die meisten Aufrührer wurden hingerichtet, und die Überlebenden erhielten neue Urteile – zusätzliche zehn oder mehr Jahre Gefangenschaft. Unter den Verurteilten waren Russen, Litauer, Letten, Esten, Polen, Deutsche ... Europa! Die Geschichte Workutas ist zugleich ein wichtiges Kapitel der europäischen Geschichte. Genau wie Auschwitz, Birkenau, Treblinka, Dachau, Buchenwald, Ravensbrück ... Unglaublich und doch so wahr – die Geschichte des Totalitarismus wurde hier durch einen lakonischen Paragraphen mit der Nummer 58 geschrieben.

Subventionen Wir schreiben das Jahr 1995. Wieder einmal beginne ich meine Sibirienreise in Workuta. Diesmal findet eines meiner ersten Treffen im hiesigen Rathaus statt. Workutas Bürgermeister und Vorsitzender des Bundes der Nordischen Städte Russlands, Igor Spektor, erzählt von seiner Stadt vier Jahre nach dem Zerfall der Sowjetunion. Zu Beginn seiner Erzählung greift er natürlich zur Geschichte ...

»Die Stadt mit beinahe 200 000 Einwohnern lebte bislang von der Kohle. In der Epoche des Gulag wurde diese praktisch kostenlos gefördert. In den siebziger Jahren kamen Freiwillige aus ganz Russland, um in Workutas Gruben zu arbeiten. Hohe Löhne waren der Anreiz. Außer der guten Bezahlung bekamen sie noch den so genannten nördlichen Zuschuss in Höhe von 80 Prozent. Die Bergleute hatten das Recht auf kostenfreie Durchfahrten, lange Urlaube und preiswerte Wohnungen. Heute sind sie Opfer der in Russland herrschenden Wirtschaftskrise. Viele von ihnen können nicht verreisen, um sich mit ihren Familien zu treffen – sie können sich die Rückfahrt nicht leisten.

»Ich kam vor 30 Jahren hierher«, erzählt der Bürgermeister weiter. »Damals bestand diese Stadt aus Gulag-Baracken und finnischen Häuschen. Heute sieht dieser Ort völlig anders aus. Vor unserer Stadt steht immer noch die Perspektive einer Entwicklung. Kohle mit so hohem Heizwert wie in Workuta gibt es nirgends auf der Welt.

Es gab eine Phase, in der die Bergleute ein Jahr lang keine Löhne ausgezahlt bekamen. Jetzt sind die Verspätungen kürzer – fünf, sechs Monate, aber es ist immer noch lange. Das hängt mit den wirtschaftlichen Schwierigkeiten im Land zusammen, mit den Zollproblemen und dem zu niedrigen Export unserer Kohle. Jetzt knüpfen wir selbst neue Auslandskontakte an. Wir verkaufen Kohle nach Finnland und Deutschland. Ich glaube fest daran, dass sich die Situation allmählich bessern wird und dass unsere Bergleute wieder normal leben werden.

Der Export aus dem Norden bildet 64 Prozent der Deviseneinnahmen des ganzen Landes. Das Gold aus Magadan, die Diamanten aus Jakutsk, der Fisch aus Murmansk, die Kohle aus Workuta, die Buntmetalle, Nickel, Blei, Kupfer in Norylsk, die unendlichen Wälder, all das gibt es im Norden. Man kann fast sagen, dass ganz Russland vom Norden lebt.«

Wir schreiben also das Jahr 1995. Aus Workuta fliegen wir über das Charbej-Tal, das nördliche Polargebiet des Uralgebirges. Das einzige Verkehrsmittel ist hier der Hubschrauber. Doch auch der kann nicht immer fliegen, 310 Tage im Jahr weht hier ein starker Wind und trägt Schnee oder Regen mit sich. Oh – man kann natürlich auch zu Fuß in dieses Tal gelangen ... In den dreißiger und fünfziger Jahren des vergangenen Jahrhunderts passierten unzählige Kolonnen Fußgänger das Tal. Von den Dutzenden Tausenden kamen lediglich einige Tausende ans Ziel, überlebten nur Dutzende, zurück kamen Einzelne ... In Charbejs Lagern förderten die Gefangenen die Erze seltener Metalle. Für die damalige Führung des sowjetischen Imperiums zählte nur das.
Durch die Fenster des Hubschraubers sehen wir letzte Spuren der Lager-Gruben. Was der Mensch nicht beseitigt hat, deckt großzügig der Schnee zu. Es sind nur Reste der Baracken zu erkennen.
Wir fliegen über den Ural. Dahinter liegt Sibirien. Nach wenigen Minuten fliegen wir schon über die sibirische Tundra. Die Flüsse drehen ihre weiten Kurven wie lange Schleifen. Nur Wasser und Weite ... Ab und zu erscheinen dreieckige *tschumy* und ganze Felder weidender Rentiere. Weiter geht es hinter den Polarkreis, auf die Halbinsel Jamal. Unter uns streckt sich die endlose Tundra in die Weite, wo seit Jahrhunderten die Nomaden dieses Landes, die Nenzen, ihre Rentiere weiden lassen. In ihrer Sprache bedeutet das Wort *jamal* den Rand, die Schwelle der Erde. Wir fliegen also über dem Ende der Welt, passieren den großen Spalt – die gigantische Mündung des Ob. Mit seiner Länge von beinahe 900 km und einer Breite bis 60 km erinnert er nicht mehr an einen Fluss. An den Ufern kleine Städtchen, Siedlungen, Dörfer ... Man kann sie nur auf dem Wasserweg vier Mona-

te im Jahr erreichen. Sonst auf dem Eis – wenn die Flüsse gefroren sind. Oder aber auf dem Luftweg. In der UdSSR war es kein Problem – der Flug kostete wahrlich Kopeken. Es galt keine ökonomische Rechnung, alles haben die so genannten Subventionen aus Moskau erledigt.

Die Subventionen – sie erhielten durch ganze Jahrzehnte nach dem Zerfall des Stalinismus den ganzen sibirischen Norden am Leben. Nach dem Zerfall der UdSSR begann man in der Hauptstadt, richtig Geld zu zählen. 1992 wurden binnen weniger Monate die Preise für Flugtickets aus Moskau in die sibirischen Städte um 50 Prozent erhöht! Lebensmittel – in den Norden transportiert – kosteten plötzlich ein Zehnfaches! Die Subventionen wurden gestoppt – die Menschen mussten weiterleben …

Diejenigen, die in den sechziger und siebziger Jahren in den künstlich finanzierten Norden gekommen waren, um zu verdienen und wieder in den *matjerik*, in die Heimat, zurückzukehren mit genug Geld, um ein Haus oder eine Wohnung zu kaufen, verloren in wenigen Wochen alles. Es nutzte gar nichts, dass sie weiterhin dreimal mehr verdient hatten als Arbeiter in Zentralrussland. Ihr Verdienst und ihre Ersparnisse reichten nicht einmal für die Rückreise nach Hause mit dem ganzen im Norden angesammelten Gut.

Nachdem wir Ob und Jamal passiert haben, kommen wir zur Halbinsel Tajmyr, jenseits eines anderen gigantischen sibirischen Flusses – des Jenissej. Wir landen in Norylsk. Alle Häuser hier, so wie das in Nordsibirien üblich ist, stehen auf Beton- und Holzpfeilern. Die Wohnblocks dürfen nicht den ewig gefrorenen Boden berühren. Diese Stadt wurde vor Jahren von Gefangenen (wie könnte es anders sein!) aufgebaut und ist für ihre gigantischen Werke, in denen die Erze seltener Metalle verarbeitet werden, bekannt. Molybdän, Nickel,

Wolfram, Aluminium. Einen großen Teil der Mendelejew-Tafel verbirgt der Dauerfrostboden. Die großen Hütten in Norylsk vergiften die Luft seit Jahrzehnten. Die Folgen davon sind nicht nur in der umliegenden Tundra, sondern auch in den kanadischen Wäldern zu merken. Der Wind trägt diesen giftigen Atem auf dem kürzesten Wege weiter – auch über den nahen Nordpol – zum anderen Kontinent.
In einem dieser Werke lerne ich Sergei Sidorowitsch kennen. Seit Jahren transportiert er Metallerze in die entsprechenden Öfen: in der Hitze der Öfen, in dem durchdringenden Frost draußen, in den Rauchwolken des ständig zusammenbrechenden Transporters, in den Dünsten der Hüttenschornsteine.

Die Dörfer entlang des Ob sind nur vier Monate im Jahr auf dem Wasserweg zu erreichen. Ansonsten auf dem Eis – oder dem Luftweg

»In diesem eigenartigen Cocktail«, erzählt Sergej ironisch, »fehlte nur noch der Zigarettenrauch. Also füge ich ihn systematisch seit meinem 15. Lebensjahr hinzu. Ich könnte jetzt das Vierteljahrhundert der Mitunterhaltung der nationalen Tabakindustrie feiern. Doch dadurch gewann ich auch ein richtiges Los in der Lotterie«, erzählt Sergei mit seinem sonderbaren Sinn für Humor weiter. »Ich bekam ein richtiges Geschenk, ich habe Lungenkrebs. Vielleicht kann ich dadurch früher sterben. Altsein bringt mich nicht um. Jetzt haben wir hier den Kapitalismus, und im russischen Kapitalismus gibt es keinen Platz für alte Menschen.«

Wir sitzen in der Küche seiner Wohnung in einem mehrstöckigen Wohnblock auf rissigen Pfeilern. An der Wand über unseren Köpfen hängt eine Gitarre. Wir trinken starken Tee, starken Wodka, essen gefrorenen Fisch und unterhalten uns tief in die Nacht hinein über russische Schicksale, russische Seele und russische Geschichte …

»Ich bin wie all die andern, die was verdienen wollten, im Norden gelandet. Der eine wollte ein Auto, der andere eine Wohnung, der Nächste ein Haus oder irgendetwas an materiellen Dingen. Alle hatten solche Hoffnungen, so war das eben … In 15 Jahren hatte ich 13 000 Rubel auf meinem Sparbuch. Das war's. Und was hatten wir davon? Jetzt leben wir von der Hand in den Mund. Schon 16 Jahre … Kaum hast du deine Penunzen bekommen, sind sie schon weg. Die Inflation frisst alles auf. Früher haben wir an das Morgen geglaubt. Wir haben was zurückgelegt, jeder hat gespart wie er konnte. Und jetzt? Sparbuch? Sparsamkeit? Da hast du gespart und kannst morgen schon den Lokus damit bekleben.

Bei uns war's so: Wir kamen hierher, meine Frau war schwanger und hat nicht gearbeitet. Gewohnt haben wir im so ge-

nannten Arbeiterhotel. Geschirr gab's genug in den Geschäften, so einfaches, aus Glas. Es gab auch genug Wodka, für fünfeinhalb Rubel die Flasche. Zu essen gab's, Gott sei Dank, auch genug. Eben diese Fisch- und Lachskonserven und alles Mögliche. Na ja, Lachs gab es hier in der Gegend mehr als genug, einen Rubel zwanzig kostete eine Dose. Na, kurzum, mit Essen und Wodka gab es hier keine Probleme. Und was unsere Gesundheit angeht, wir waren schließlich jung, da haben wir nicht drauf geachtet. Wir legten eine Tür über zwei Stühle, Tischdecke drüber, und fertig war der Tisch. Na, und unsere Weiber, Ehefrauen, sorgten dafür, dass etwas draufstand. Wir schütteten uns die Hucke voll, und wenn ein Besoffener kam und einen Stuhl herauszog, machte es peng! und alles fiel um. Alles war zerbrochen. Wir haben es zusammengepackt und weggeworfen. Es war ja schließlich nicht teuer. Dann haben wir eben noch einmal den Tisch gedeckt und weitergefeiert. Das war alles.
Und die Kinder, die Kinder ... Ihre ersten Spielsachen waren alle möglichen Flaschen im Flur ... Wir hatten dort einen sehr langen Flur. Hier siehst du das. Jetzt weiß ich nicht, ob ich noch mal da so sitzen könnte. Aber in jenem Hotel habe ich recht lange gelebt. Ich habe da 17 m^2 gehabt. Es gab aber auch Zimmer mit 17 oder mit 11 m^2. Ich habe elf Jahre dort verbracht.
Zumindest als Familienoberhaupt weiß ich nicht, was die nähere Zukunft bringt. Was uns erwartet, wie es sein wird, ich weiß es nicht. Wir leben in Russland, und wohin unsere Politik führen wird, welche Richtung wir einschlagen oder ob wir unsere eigenen Herren sein werden, wissen wir nicht. Überhaupt ist unklar, wie sich die Umstände entwickeln werden. Es gibt ein Sprichwort dazu: ›Der Mensch denkt, Gott lenkt‹ oder so ähnlich. Genauso ist es mit unserer Regierung,

wohin wird sie uns lenken? Wohin und wozu? Kurzum, ich wüsste nicht, wo ich hinfahren könnte. So lebe ich also hier wie eine Geisel.«
Sergei hebt sein Wodkaglas, leert es mit einem Schluck: »Wozu soll ich dich noch mehr voll quatschen?« Er steht auf, nimmt die Gitarre von der Wand und singt mit einer rauen, starken Stimme – fast wie vor Jahren der berühmteste russische Barde Wladimir Wysozki …

In Vers und Lied hüll' ich mein Sehnen und mein Leid,
Versuche ihm ein musikalisches Gewand zu geben,
Vielleicht steh'n Freunde noch zum Singen bereit,
Denn nur das eine bleibt uns noch im Leben.

Über die geliebte Stadt, den Schnee im Wind,
Über die Fragen und ihre Unlösbarkeit,
Über schneeverhüllte Jahre, die vergangen sind,
Über Öde und verworr'ne Einsamkeit.
Über schneeverhüllte Jahre, die vergangen sind,
Über Öde und verworr'ne Einsamkeit.

Doch keiner hatte mich hierher bestellt,
Von selbst hab' ich den Weg gewählt,
Wie alle dachte ich, ich hätt' nen Zipfel Glück erwischt.
Das Land ist nun zerfallen,
Der Missgunst zum Gefallen,
Wer oben schwimmt, der ist zufrieden, aber ich bin's nicht.

Doch irgendwo gibt's Lenz und Sonnenhelle,
Doch irgendwo liegt meines Hauses Schwelle,
Und irgendwo fließt träg die Wolga hin.
Wir sind zusammen eingesperrt,
Dir, Vaterland, mein Dank gehört,
Ohn' Schuld bist du, es war in unsrem Sinn.

Aus freien Stücken sind wir in die Weiten,
Wozu uns Weh und Leid bereiten,
Vorbei ist's, tiefer Schnee bedeckt die Jugendzeit.
Wen sollen wir beschuldigen, wen schmähen?
Man wird uns wieder nur wie üblich hintergehen.
Platz ist genug, wenn's aus ist, liegt ein Stein bereit.

Doch keiner hatte mich hierher bestellt,
Von selbst hab ich den Weg gewählt,
Wie alle dachte ich, ich hätt' nen Zipfel Glück erwischt.
Das Land ist nun zerfallen,
Der Missgunst zum Gefallen,
Wer oben schwimmt, der ist zufrieden, aber ich bin's nicht.

Hier ist mein Schlusswort – hier das Ende:
Ich brauche nichts, wenn ich mein Ziel erreicht,
Wenn ich gehe, um nie mehr kehrtzumachen.
Beklagt uns nicht – es ist nicht nötig!
Ich brauche nichts, wenn ich mein Ziel erreicht,
Wenn ich gehe, um nie mehr kehrtzumachen.

Seit unserem Gespräch in Norylsk sind neun Jahre vergangen. In der Stadt veränderte sich sehr viel – die Preise schossen in die Höhe, viele Privatunternehmen sind entstanden, viele kleine Läden, überall stehen Computer.
Doch Sergei gibt es in Norylsk nicht mehr. Im hiesigen Krankenhaus konnte die Chemotherapie nicht voll durchgeführt werden – kein Geld ... Die alten sowjetischen Subventionen aus der Hauptstadt fließen nicht mehr in den kalten Norden. Sergeis Worte klingen nach wie ein Memento: »Ich habe Krebs – vielleicht kann ich dadurch früher sterben. Altsein bringt mich nicht um ...«

Tundra Hinter dem Polarkreis wachsen nicht einmal mehr die verkrümmten Zwergbäume, es gibt hier nur vereinzelt

Sträucher. Lediglich das empfindliche Gras, kleine Blümchen und Miniaturbüsche gewinnen in dieser kargen Natur den Kampf ums Überleben. Der Winter lässt hier den Pflanzen nur vier, höchstens fünf Monate im Jahr Zeit zum Grünen, wenn der Schnee noch nicht gefallen oder gerade geschmolzen ist.

Wir überqueren die Steppe des Nordens – die Tundra. Es gibt hier mehrere Möglichkeiten zur Fortbewegung: Der Hubschrauber ist eine Lösung für wenige Auserwählte, sonst nutzt man Schlitten mit Rentiergespann – im Winter auf Schnee, im Sommer auf dem stets sumpfigen Gras. So reisen seit Jahrhunderten die Nomaden des Nordens. Man kann auch mit einem Raupenfahrzeug fahren, das jeden Umweg des Nordens bewältigt … Doch die Spuren einer solchen Reise durch die Tundra bleiben für 50 Jahre wie tiefe Narben sichtbar. So lange braucht hier die empfindliche Natur, um die in den Boden gepressten Pflanzen wieder zum Leben zu bringen.

Die Existenz der wichtigsten Tundra-Bewohner – der Rentiere – hängt eben von diesen zerbrechlichen Grashalmen ab. Nur die Urvölker des Nordens wissen, wie sie sich hier bewegen können, ohne Schaden anzurichten. Die Dolganen, die Nenzen, die Tschuktschen, die Jakuten, die Komi, die Nganasanen, die Ewenken – diese kleinen Völker werden seit Jahrzehnten durch den russischen Expansionsdrang unterdrückt. Langsam verschwinden die alten Bräuche, immer weniger Menschen sprechen die Ursprachen des Nordens, immer seltener trifft man Menschen, die die Zerbrechlichkeit der hiesigen Natur organisch verstehen – sie haben dieses Verständnis und das Gespür dafür im Blut …

Durch Jahrhunderte lebten diese arbeitsamen Menschen der Tundra mit ihren Rentierherden in der weiten Natur. Sie

Für die sibirischen Urvölker ist die Tundra die Lebensspenderin, die ihnen Raum und Nahrung bietet.

bauten ihre mit Pelzen bedeckten Zelte – die *tschumy* – auf, um sie nach einigen Tagen wieder abzubauen, auf spezielle Schlitten zu packen und weiterzufahren. Im Sommer gingen sie in den weiten Norden, im Herbst kehrten sie wieder in die etwas wärmeren Gebiete um den Polarkreis zurück.

Ihre Freiheit war nur durch den Rhythmus der Jahreszeiten eingeschränkt und durch die Pflichten gegenüber der Familie und den Tieren geregelt.

Mitte des 19. Jahrhunderts verkündete Zar Alexander II.: Wenn im weiten Norden kein Weizen angebaut werden kann, dann könne auch der Mensch dort nicht leben. Die Nomaden des Nordens sollten besonders beschützt werden, da nur sie stark und mutig genug wären, um dort existieren zu können. Doch die sowjetischen Anführer waren da völlig anderer Meinung. Im Land der Arbeiter und Bauern hatten alle die Pflicht, für das gemeinsame Wohl zu arbeiten. Wie konnte es da angehen, dass ein Dolgane oder ein Nenze seine eigene Rentierherde frei durch die Tundra führt?

Der 30 Jahre lang »gnädig herrschende Vater des Volkes« hatte darauf eine klare und selbstverständliche Antwort: Ab heute werden die Nomaden in Kolchosen organisiert leben, sie bekommen eine Adresse, wo sie angemeldet werden, ihre Herden werden gezählt, wohnen werden sie – wie es die Partei vorschreibt – in Baracken und nicht in eigenen *tschumy*. Alles wird endlich nach der einzig richtigen Ordnung ablaufen …

Stalin lebt schon lange nicht mehr, doch die Ergebnisse seiner Entscheidungen lassen sich nicht einfach zurücknehmen. Die in sowjetischen Kolchosen und Sowchosen organisierten Völker des Nordens sterben heute aus. Sie wurden aus ihrer Kultur entwurzelt, ihrer Sprache und ihres Glaubens beraubt und in die postsowjetische Wirklichkeit gepresst. Der Alkohol gab ihnen den Rest.

Wieder reisen wir in den Norden – auf die Halbinsel Tajmyr. Hier liegt der von Gott und der Welt vergessene Ort Ust-Awam. Anatoli Grigorjewitsch arbeitet hier. Er unterrichtet in der hiesigen russischen Schule, doch seine Schüler sind Dolganen und Nganasanen. Anatoli ist aus freien Stücken aus dem verrufenen Grosni in Tschetschenien hierher gekommen. Es ist April. Aus dem Fenster in seiner Wohnung sieht man die schneebedeckte, endlose Tundra ... Anatoli Grigorjewitsch bietet uns einen starken Tee an, und wir unterhalten uns über das Leben im Herzen der Tundra.

»Kinder wurden hier seit ihrer frühesten Kindheit in Russen umgeschmiedet. Heute bringe ich, ein Russe, den Dolganenkindern ihre Muttersprache bei. Es ist meine Initiative und auch eine Art Schuldenabzahlung eines Russen an die Dolganen. Mit über 50 Jahren erlernte ich ihre schwierige und mir völlig unbekannte Sprache.

Es ist nicht einfach. Russen mag man hier nicht. Vor kurzem haben mich bei einem Spaziergang die Kinder an die Hand genommen und meinten: ›Sie sind so gut, gar nicht wie ein Russe!‹ Später fragte mich ein Mädchen in dem Unterrichtssaal direkt: ›Sind Sie Russe?‹ Ich bejahte ihre Frage. Daraufhin warf die Achtjährige ihre Hefte und Bücher auf den Boden und kam nicht mehr zum Unterricht.

Eines Tages traf ich sie in der einzigen Gasse im Dorf, wo sie oft stundenlang herumsitzt. Keiner ruft sie nach Hause, keiner will wissen, wie es in der Schule war. Die Eltern sind meistens betrunken. Doch ich kann das nicht einfach so hinnehmen, dass die Kinder hier die Nächte nicht durchschlafen, dass sie keiner nach Hause ruft, ihnen abends nichts zu essen gibt, sie nicht nach den Hausaufgaben fragt, sie nicht vor dem Schlafengehen in den Arm nimmt. Was für ein Mensch wird wohl aus einem Kind, das keiner für die Nacht nach Hause holt? Ust-Awam gehört mit Sicherheit zu den tragischsten Orten der Welt.

An diesem Tag kam ich völlig niedergeschlagen nach Hause zurück. Doch da kam mir Tolstoi zu Hilfe. In seinen Tagebüchern zitiert er einen wunderbaren Spruch von Rousseau: ›Der Mensch kommt als ein perfektes Wesen auf die Welt und stellt ein Muster der Harmonie, Wahrheit, Schönheit und Güte dar.‹ Diese Worte wecken in mir immer wieder Hoffnung, denn wie ein russisches Sprichwort sagt: ›Die Hoffnung stirbt zuletzt ...‹«

Noch eine Tasse Tee, und die Erzählung geht weiter: »Das Wort *tundra* hört man hier in jedem zweiten Satz. Es scheint

Die Kinder leben ungezwungen in der Tundra. Erst wenn sie in die Schule kommen, werden sie Teil einer globalisierten Welt.

eine unendliche Zahl an Bedeutungen zu haben. In dem Dolganischen, das eine rationale Sprache ohne abstrakte Begriffe ist, bedeutet das Wort *tundra* einerseits etwas ganz Konkretes, und andererseits ist es die Quintessenz aller Abstraktionen. Es drückt alles aus. Mit den Worten: ›Ich gehe in die *tundra*‹ eröffnet man vor seinem Gesprächspartner die Unendlichkeit der Vorstellungskraft. Es inspiriert, gleichzeitig exotisch und existenziell.

Die Tundra – das ist kein gewöhnlicher Ausflug. Es ist das Schicksal des Menschen.«

Ich gehe also in die Tundra. Um mich herum der sibirische April. Jetzt kann man nur nachts, wenn die Temperatur unter 0 °C fällt, durch die Tundra fahren. Tagsüber wird der Schnee in der Sonne zu klebendem Schlamm, in dem jedes Gefährt, Menschen und Tiere stecken bleiben. Mit wachsender Bewunderung beobachte ich die Dolganen, die mich

Bewegende Begegnungen mit den Menschen des Nordens: Produzent Stanislaw Krzeminski reiste schon mehrfach durch Sibirien.

in die Tundra bringen. Im Dorf sah ich sie meistens betrunken, etwas vor sich hin lallend, aggressiv. Hier, in der Tundra, sind sie völlig andere Menschen. Ich beobachte, wie klug sie sich in diesem unerschlossenen Element bewegen, wie viel sie können, wie sehr sie sich auf ihren Instinkt verlassen. Mit ihnen verspüre ich keine Angst, obwohl die Temperatur unter –30 °C fällt, und die alten Gefährte immer wieder kaputtgehen.

Fremden Menschen kommt die Tundra vor wie eine verschlossene Schneewüste, in der sie keine Überlebenschancen haben. Für die Dolganen ist sie die Lebensspenderin, die ihnen Raum und Nahrung bietet. Sie sind ihr fester Bestandteil, sie verstehen die Tundra. Wenn nötig können sie alleine durch die kargen Weiten wandern, bei Schneesturm und 40 Grad Frost in Rentierpelze gewickelt in einer Schneewehe schlafen. Sie finden Nahrung dort, wo Fremde nur eine unendliche, leere Schneeweite sehen.

Für sie bedeutet ein Rentier Leben. Sie vergeuden kein Stück Fleisch oder Pelz. Aus getrocknetem Darm machen sie einen Strick, mit dem sie den Schlitten oder die Konstruktion des *tschum* festbinden. Das einfache Jagdmesser, meistens selbst gemacht, ist ihr wichtigstes Arbeitsgerät. So ein Messer ist Teil der Persönlichkeit eines Jägers. Leider nutzen sie es immer öfter gegeneinander im Streit, wenn sie betrunken sind.

Nach einigen Tagen verlassen wir Ust-Awam und Anatoli Grigorjewitsch. Schon wollen wir uns in den Hubschrauber setzen, als eine seiner Schülerinnen auf uns zuläuft und mir einen Zettel in die Hand drückt. Ohne ein Lächeln im Gesicht sieht sie mir direkt in die Augen und sagt kurz: »Das ist für Sie, für das Fernsehteam, zum Abschied …« Im Flugzeug öffne ich den Zettel. Darauf steht ein Gedicht:

Mit einem Lied komm' ich nach Hause.
Glücklich koche ich meiner Mama Grütze,
Schmackhafte Grütze, die lecker duftet.
Den Tisch decke ich für sie und gebe ihr Milch,
Abends lege ich sie zum Schlafen,
Morgens verabschiede ich mich wieder.
Tagsüber laufe ich zu ihrer Arbeit
Und helfe ihr glücklich in allem.
Dann essen wir beide zu Mittag,
Kaufen Bonbons im Laden,
Zusammen gehen wir, essen und singen
Von der Welt und von Tajmyr, wo wir beide leben.

Ich sehe noch dieses ernste Gesicht. In diesem Augenblick erinnere ich mich an das russische Sprichwort, das der Lehrer, der am Ende der Welt dolganischen Kindern die russische Poesie und ihre eigene, fast schon vergessene Muttersprache beibringt, zitierte: »Die Hoffnung stirbt zuletzt ...«

Hoffnung Juni 2004 – wieder einmal fliegen wir nach Sibirien. Diesmal suchen wir auf der Halbinsel Jamal einen Ort, wo wir die zweite Staffel von *Sternflüstern** realisieren könnten. Nach fünf Jahren lande ich wieder am Polarkreis in Salechard. Anstelle der alten Baracke begrüßt uns hier ein modernes Flughafengebäude. Unterwegs zum Hotel passieren wir neue Häuser, vor kurzem von Kanadiern, Deutschen und ... Türken erbaut. In der Stadt gibt es Banken, Supermärkte und das Wichtigste – Wohnungen mit fließendem Wasser und Kanalisation. Auf meine Frage nach dem Geheimnis dieser Entwicklung höre ich eine lakonische Antwort: »Es ist doch klar – GASPROM!«
An der gigantischen Mündung des Ob liegen kleine Siedlungen. Dieser letzte Teil des Flusses hat beinahe 900 km Län-

Kyrill Saratetto: Aufgewachsen in der Tundra, leitet er heute in Jar-Sale eine eigene Firma.

ge und 60 km Breite. An beiden Ufern gibt es weite Tundra und einige wenige Siedlungen, die man nur mit dem Hubschrauber oder vier Monate im Jahr auch mit dem Schiff erreichen kann.

Wir machen für einige Tage Halt in Jar-Sale. Hier leben Russen und Nenzen. In den 30er Jahren kam es zum Nenzen-Aufstand gegen die stalinistischen Kolchose. Der Aufstand wurde blutig erstickt, und in den 40er Jahren wurde aus der kleinen Nomadensiedlung ein Ort für die Verbannten, die nach Stalins Beschluss eine Eisenbahnlinie bis zur Ob-Mündung ins Nordmeer bauen sollten. In Jar-Sale sollte eine der wichtigsten Stationen dieser Linie entstehen. Aus den ehrgeizigen Plänen wurde nichts, doch die Menschen blieben hier.

Eine der hiesigen Nenzenfamilien heißt Saratetto. Bereits am zweiten Tag unseres Aufenthalts lernen wir Kyrill kennen. Lange arbeitete er als Elektriker, jetzt gründete er eine eigene Firma. Es ist eine Art Genossenschaft: Seine Mitarbeiter fangen Fisch, züchten Rentiere, vermitteln im Fisch- und Fleischhandel. Nachts wälzt Kyrill die vielen Seiten der Steuergesetze, der Regelungen über Personalstellen, der Paragraphen über Arbeitssicherheit. Er ist 30, hat eine Frau und einen achtjährigen Sohn. Seit einigen Jahren ist er trocken. Wenn man ihn anschaut, hat man keine Zweifel, dass er es schaffen wird. Leute wie ihn trifft man in Sibirien immer öfter, doch viele können sich in der neuen, postsowjetischen Wirklichkeit Russlands noch nicht zurechtfinden. Und nicht überall gibt es GASPROM oder JUKOS. Und selbst dort, wo es diese Unternehmen gibt, veranlasst das Schicksal solcher Industriemagnaten wie Beresowski oder Chodorkowski zum Nachdenken über die russische Zukunft.
In Jar-Sale, am Rande der großen Politik, erkennt man diese Entwicklung. Immer noch stehen Menschen dem ganzen misstrauisch gegenüber und kommentieren die neue Wirklichkeit mit dem alten russischen Sprichwort: »*Poschiwjom – uwidim* ... Mal sehen, wo das Leben uns noch hinführt ...«
Doch Kyrill hat keine Zeit und Lust mehr auf Passivität. Er nimmt sein Schicksal in eigene Hände, was in Russland gar nicht so einfach ist. Wenn ich ihn beobachte, erinnere ich mich an das Gespräch mit dem Lehrer aus Ust-Awam und an das von ihm zitierte russische Sprichwort: »Die Hoffnung stirbt zuletzt ...«
Das Schicksal von Kyrill Saratetto ist aber Stoff für eine noch ganz andere Geschichte! Die Dokumentation *Sternflüstern* – Jenseits des Polarkreises* erzählt auch sie.

Sternflüstern*
Jenseits des Polarkreises

Der Stab

Redaktion:	Dr. Susanne Becker
Regie:	Bernd Reufels
Kamera:	Lars Hauck
Produzent:	Stanislaw Krzeminski, Besta Film Warschau
Produktionsleiter ZDF:	Donald Jenichen
Kamerateam:	Charlotte Hoffmann Jacek Kozlowski Kai Gusovius
Aufnahmeleitung:	Lena Petlarskaja Pavel Rybarev
Redaktionsteam:	Katrin Schöne Gabriele Giehl Olga Pessina
Produktionsstab ZDF:	Sonja Wangemann Marliese Schwab

Produktionsstab Warschau:	Anna Kepinska
	Anita Heigelmann
Postproduktion:	Miriam Weinandi
	Heike Haedecke
	Carolyn Haag
	Esther Nebo

Produktionsassistenz:	Oxana Ewdokimowa
Online-Redaktion:	Michael Büsselberg Bastienne Hamann Sebastian Theby
Musik:	Klangraum

Tundra-Kinder weinen nicht. In der Familie lernen sie, in widriger Natur und bei kältesten Temperaturen zu überleben.

Die Familien

Rabe: Karl, Aneken, Solveig, Max, Alex, Katrin, Boike

Studte: Jana, Kathrin, Erik

Danksagung

Danke den Familien Rabe und Studte: fürs Mitmachen und fürs Durchhalten!
Danke unseren Chefs im ZDF: Dr. Thomas Bellut, Dr. Hans Helmut Hillrichs und Klaus Heckenhahn, für das Vertrauen, mit dem sie uns *Sternflüstern** machen lassen. Danke allen im ZDF, die uns unterstützen – besonders Panagiotis Trakaliaridis und, leider zum Abschied, Donald Jenichen. Danke Wladimir Kaminer, für die ermunternde Begleitung!
Danke dem gesamten *Sternflüstern**-Team zwischen Jamal, Warschau und Mainz für bedingungslosen Einsatz, unglaubliches Talent, verlässliche Telepathie und gute Stimmung auch in harten Zeiten! Danke Katrin Schöne, Gabi Giehl und Anita Heigelmann für die Mitarbeit auch beim *Sternflüstern**-Buch. Danke Carmen Sippl bei Langen Müller Herbig für das Wagnis dieses Buch-Projekts! Und natürlich, danke meiner Familie, Bernhard und Max, die unverdrossen meine Sibirien-Abenteuer mit mir teilen.

0
1000 km
Spitzbergen
Europäisches Nordmeer
Nordsee
Barentssee
Lappland
Oslo
Stockholm
Kiel
Mainz
Berlin
Murmansk
Helsinki
München
Prag
Archangelsk
St. Petersburg
Warschau
Minsk
Budapest
Dwina
Syktyvkar
Moskau
Wolga
Petschora
Uralgebirge
Ob
Kiew
Nishni
Nowgorod
Kasan
Perm
Charkow
Don
Kama
Odessa
Samara
Tobol
Donetzk
Wolga
Jekaterinburg
Schwarzes Meer
Istanbul
Wolgograd
Ural
Orsk
Ankara
Kaukasus
Kaspisches Meer
Aral-
see